SEA & FOOD

2

Sea & Food är en synnerligen talande titel för denna bok, för det är just precis mat på havet som boken handlar om. För väldigt många människor är måltiden dagens höjdpunkt. Så är det ofta i hemmet men kanske förväntningarna till och med kan vara ännu mer uppskruvade under en resa?

Viking Lines duktiga kockar och kallskänkor samt några kända kockar, som vid olika tillfällen gästspelat ombord, har i denna bok samlat en varierande flora av sina favoriträtter. Rätter som vid olika tillfällen genom åren har serverats ombord och således har funnit vägen till gästernas hjärta.

Olika recept från Ålandspannkaka till lyxkrogens ankleverterrin blandas med smalmatens vegetariska favoriter, en festlig nyårssupé och en buffé lämplig för mindre festtillfällen.

Både enkla och svåra recept i kombination med Manne Stenros sagolikt vackra fotografier av alla maträtter och skärgårdsmiljöer gör att det är både trevligt att bläddra i boken och även lätt att hitta fina förslag för egna måltidsbehov.

Sea & Food on tälle kirjalle erityisen osuva nimi, koska kirjassa on nimen omaan kyse ruoasta merellä. Monille ateriointi on myös päivän kohokohta nin kotona kuin matkoilla. Matkoilla odotukset saattavat olla vielä korkeammat.

Viking Linen taitavat kokit ja kylmäköt sekä laivoilla eri yhteyksissä vierailleet tunnetut kokit ovat koonneet tähän kirjaan valikoiman suosikkiruokiaan. Näitä ruokia on tarjottu laivoilla vuosien varrella ja ne ovat siten saaneet sijansa ruokavieraiden sydämissä.

Reseptejä on monenlaisia Ahvenanmaan pannukakusta loistoluokan ravintolan ankanmaksaterriiniin, vähäkalorisiin kasvisruokasuosikkeihin, uudenvuoden juhlaillalliseen ja pienempiin juhlatilaisuuksiin soveltuvaan noutopöytään.

Mukana on sekä helppoja että vaativampia reseptejä, jotka yhdessä Manne Stenrosin kaikista annoksista ja saaristomiljöistä ottamien satumaisen kauniiden valokuvien kanssa tekevät kirjasta mukavaa selailtavaa. Kirjasta on myös helppo poimia maistuvia ehdotuksia omalle ruokalistalle.

Sea & Food is a fitting title for this book, because food at sea is what it is all about. For many people, an evening meal is the highlight of the day. Although we usually look forward to a meal at home, our expectations are perhaps even greater when we're travelling.

This book contains a veritable collection of recipes of some of the favourite dishes of Viking Line's talented chefs, cold buffet managers and well-known guest chefs. Dishes that have been served on board and which, over the years, have become firm favourites with passengers.

Various recipes for dishes ranging from Åland pancake to more luxurious duck liver terrine are interspersed here with vegetarian favourites, a seasonal New Year's evening meal and a buffet suitable for less formal occasions.

Complemented by Manne Stenros' superb photos of all the dishes and archipelago settings, the simple and more challenging recipes featured here make this a great book not just to browse through, but also to inspire you in your own kitchen.

Så gott som dagligen händer det att vi ombord får frågor gällande tillagningen av en specifik maträtt som någon gäst har uppskattat. Många passagerare är också intresserade av vilka råvarumängder som varje dag hanteras ombord på ett stort passagerarfartyg. Här finner vi förstås samtidigt några av anledningarna till att denna bok har blivit till.

Som en extra krydda för våra gäster har vi under flera år anlitat välrenommerade gästkockar, vilket vi är stolta över. Några gästkockar från de senaste åren medverkar i boken, vilket givetvis har satt en intressant prägel över bokens innehåll. I praktiken tillför gästkockarna inte enbart upplevelser för våra gäster. Vår kökspersonal får inspiration och bättre kunskap om matlagningens utveckling och trender samt intressant information och senaste nytt gällande smakkombinationer m.m. Vår ambition är att alltid hålla en kvalitetsnivå på maten som motsvarar våra gästers höga förväntningar.

Kulinariska hälsningar från byssan.

Bengt Mattsson

Miltei päivittäin joku ruokavieraistamme kysyy meiltä laivalla, miten jokin tietty annos on valmistettu. Monia matkustajia kiinnostaa myös, millaisia raaka-ainemääriä suurella matkustajalaivalla käsitellään päivittäin. Nämä kysymykset ovat myös syitä tämän kirjan tekemiseen.

Olemme ylpeitä siitä, että meillä on useiden vuosien ajan vieraillut maineikkaita kokkeja ryydittämässä vieraidemme makuelämyksiä. Muutamat viime vuosien kokkivieraistamme ovat myös osallistuneet tämän kirjan tekemiseen, mikä on luonnollisesti antanut oman kiintoisan leimansa kirjan sisältöön. Käytännössä kokkivieraiden toiminta ei rajoitu ainoastaan kokemusten tarjoamiseen vieraillemme. Keittiöhenkilökuntamme saa heiltä innoitusta ja perehtyy samalla ruoanlaittoalan kehitykseen ja trendeihin. Lisäksi tarjolla on kiintoisaa tietoa sekä tuoreimmat uutiset makuyhdistelmistä. Tavoitteenamme on pitää ruoka aina niin laadukkaana, että se vastaa vieraidemme korkeita vaatimuksia.

Kulinaarisin terveisin kapyysista.

Bengt Mattsson

Hardly a day goes by without at least one satisfied passenger asking us how a particular dish is made. Many passengers are also interested in the quantities of primary produce delivered aboard such a large ship each day. These were some of the reasons we decided to make this book a reality.

We are proud of having taken aboard several renowned guest chefs as an extra treat for diners over the years. The contributions by some of our guest chefs in recent years add an interesting touch to this book. Our guest chefs not only bring new taste experiences to our passengers, but also inspire our kitchen staff, further improve their knowledge of developments and trends in the culinary world and provide interesting information and the latest news about combinations of different flavours. We seek to maintain at all times the highest quality that our diners have come to expect of us.

Bon appétit from the ships's galley.

Bengt Mattsson

CONTENTS INNEHÅLL

4

CONTENTS SISÄLLYS

DUKTIGA KOCKAR OCH BENGTSKÄR

Viking Lines duktiga kockar och kallskänkor samt några kända kockar, som vid olika tillfällen gästspelat ombord, har i denna bok samlat en varierande flora av sina favoriträtter. Rätter som vid olika tillfällen genom åren har serverats ombord och således har funnit vägen till gästernas hjärta.

KELPO KOKIT BENGTSKÄRILLÄ

Viking Linen taitavat kokit ja kylmäköt sekä laivoilla eri yhteyksissä vierailleet tunnetut kokit ovat koonneet tähän kirjaan valikoiman suosikkiruokiaan. Näitä ruokia on tarjottu laivoilla vuosien varrella ja ne ovat siten saaneet sijansa ruokavieraidemme sydämissä.

TALENTED CHEFS AND BENGTSKÄR

This book contains a veritable collection of recipes of some of the favourite dishes of Viking Line's talented chefs, cold buffet managers and well-known guest chefs. Dishes that have been served on board and which, over the years, have become firm favourites with passengers.

JORDGUBBSSPETT MED VITCHOKLADFONDUE

15 portioner

500 g Valrhona Ivoire vitchoklad
5 dl crème fraiche

Smält chokladen till ca 40 grader i vattenbad. Tillsätt crème fraiche lite åt gången under omrörning. Träd jordgubbarna på spetten.

Fonduen kan serveras kall eller ljummen.

HAVTORN I VITCHOKLADMOUSSE

Havtornsgelé:
3 dl havtornssaft
5 dl vatten
1½ dl socker
7 gelatinblad

Blötlägg gelatinbladen i kallt vatten ca 10 minuter. Koka upp havtornssaften, socker och vatten. Pressa vattnet ur gelatinbladen och smält dem i saften. Låt svalna.

Vitchokladmousse:
150 g vitchoklad
2 äggulor
3½ dl vispgrädde

Smält chokladen försiktigt till ca 40–42 grader i vattenbad. Hetta upp äggulorna i vattenbad under omrörning, Tillsätt chokladen i äggulorna. Om massan blir för tjock tillsätt en aning matolja så att den rätta konsistensen erhålls. Tag massan från vattenbadet och rör tills chokladen är 35 grader. Rör ner den vispade grädden. Varva chokladen och havtornsgelén i ett vackert glas. Avsluta med chokladen.

Dekorera med citronmeliss.

Vintips: Eiswein av Riesling eller söt mousserande Asti Spumante.

Viinivinkki: Riesling Eiswein tai makea Asti Spumante -kuohuviini.

Wine suggestion: An ice wine of Riesling or a sweet, sparkling Asti Spumante.

MANSIKKAVARRAS VALKOSUKLAAFONDUEN KERA

15 annosta

500 g Valrhona Ivoire -valkosuklaata
5 dl ranskankermaa

Sulata suklaa 40-asteiseksi vesihauteessa. Lisää ranskankermaa vähitellen hyvin sekoittaen. Pujota mansikat vartaisiin.

Tarjoile fondue kylmänä tai haaleana.

TYRNIMARJAHYYTELÖÄ JA VALKOSUKLAAMOUSSEA

Tyrnimarjahyytelö:
3 dl tyrnimarjamehua
5 dl vettä
1½ dl sokeria
7 liivatelehteä

Liota liivatteita kylmässä vedessä noin 10 minuuttia. Kiehauta tyrnimarjamehu, vesi ja sokeri. Purista vesi liivatelehdistä ja liuota ne mehuun. Anna jäähtyä.

Valkosuklaamousse:
150 g valkosuklaata
2 munankeltuaista
3½ dl kuohukermaa

Sulata suklaa varovasti 40–42-asteiseksi vesihauteessa. Lämmitä keltuaiset vesihauteessa samalla sekoittaen ja lisää suklaa. Jos seoksesta tulee liian paksua, ohenna sitä tilkalla ruokaöljyä. Ota liedeltä ja sekoita, kunnes suklaa on 35-asteista. Sekoita joukkoon kermavaahto.
Annostele suklaamoussea ja tyrnimarjahyytelöä kerroksittain laseihin niin, että päällimmäiseksi tulee suklaata.

Koristele sitruunamelissalla.

STRAWBERRY BROCHETTE WITH WHITE CHOCOLATE FONDUE

Serves 15

500 g Valrhona Ivoire white chocolate
5 dl crème fraiche

Melt the chocolate to about 40°C in a double saucepan. Add the crème fraiche a bit at a time, stirring continuously. Thread the strawberries onto the brochette.

The fondue can be served either warm or cold.

SEA BUCKTHORN IN WHITE CHOCOLATE MOUSSE

Sea buckthorn jelly:
3 dl sea buckthorn juice
5 dl water
1½ dl sugar
7 gelatine leaves

Soak the gelatine leaves in cold water for about 10 minutes. Bring the sea buckthorn juice, sugar and water to the boil. Squeeze the water out of the gelatine leaves and dissolve the leaves in the juice. Leave to cool.

White chocolate mousse:
150 g white chocolate
2 egg yolks
3½ dl double cream

Carefully melt the chocolate to about 40–42°C in a double saucepan. Heat up the egg yolks in a double saucepan, stirring continuously. Add the chocolate to the egg yolks. If the mixture is too thick, add a drop of cooking oil to regain the right consistency. Remove from the heat and stir until the chocolate is 35°C. Blend in the whipped cream. Layer the chocolate and sea buckthorn jelly in a glass. The top layer should be of chocolate.

Decorate with lemon balm.

LAXRULLE FYLLD MED ÖRTOST

15 portioner

500 g gravad lax
1 dl ört Crème Bonjour
1 dl crème fraiche
1 msk finhackad dill
2 gelatinblad
isbergssallad
kapris
Blanda crème fraiche, Crème Bonjour, dill samt det blötlagda och smälta gelatinet.

Skär laxen i breda skivor skuren från stjärt mot huvudända. Bred ut laxskivorna bredvid varandra på ett smörpapper. Bred mjukosten över laxen och rulla ihop till rullar. Låt stå över natten i frysen. Skär i ca 1 cm tjocka skivor tvärs över. Lägg skivorna på den strimlade isbergssalladen och dekorera med dill och kapris.

Vintips:
Till denna rätt passar ett vitt vin från Loiredalen ypperligt, Sancerre eller Pouilly Fumé.

CINDERELLA SALLAD

15 portioner

isbergssallad
grön sallad
3 mango
3 avokado
500 g färska jordgubbar
½ dl pinjenötter
färsk timjan
Riv salladen, strimla mango och avokado samt skiva jordgubbarna. Lägg skivorna på den strimlade isbergssalladen i serveringskärlet och häll över dressingen. Strö över pinjenötterna och dekorera med timjan.

Dressing:
5 dl jordgubbspuré (ca 200 g mixade jordgubbar)
½ dl balsamvinäger
1 tsk socker
½ dl matolja
Mixa samtliga ingredienser till en slät dressing.

YRTTIJUUSTOLLA TÄYTETTY LOHIRULLA

15 annosta

500 g graavattua lohta
1 dl Crème Bonjour -yrttituorejuustoa
1 dl ranskankermaa
1 rkl tillisilppua
2 liivatelehteä
jäävuorisalaatti
kapriksia
Sekoita ranskankerma, Crème Bonjour, tillisilppu sekä vedessä liotetut ja kiehuvaan vesitilkkaan sulatetut liivatelehdet.

Leikkaa lohi leveiksi viipaleiksi pyrstöstä päähän päin. Lado lohiviipaleet vierekkäin voipaperiarkille. Levitä juustoseos lohiviipaleille ja kääri rullalle. Anna vetäytyä kylmässä yön yli. Leikkaa poikittain noin 1 cm:n paksuisiksi viipaleiksi. Asettele viipaleet suikaloidulle jäävuorisalaatille ja koristele tillillä sekä kapriksilla.

Viinivinkki:
Loiren laakson valkoviinit, esim. Sancerre tai Pouilly Fumé, sopivat tähän ruokaan oivallisesti.

CINDERELLA-SALAATTI

15 annosta

jäävuorisalaatti
vihreää salaattia
3 mangoa
3 avokadoa
500 g tuoreita mansikoita
½ dl pinjansiemeniä
timjamia
Revi salaatti. Suikaloi mangot ja avokadot ja viipaloi mansikat. Asettele viipaleet suikaloidulle jäävuorisalaatille tarjoilukulhoon ja kaada kastike päälle. Ripottele päälle pinjansiemeniä ja koristele timjamilla.

Kastike:
5 dl mansikkasosetta (n. 200 g sauvasekoittimella tai yleiskoneella soseutettuja mansikoita)
½ dl balsamiviinietikkaa
1 tl sokeria
½ dl ruokaöljyä
Sekoita kaikki ainekset tasaiseksi kastikkeeksi.

SALMON ROLLS STUFFED WITH HERB CHEESE

Serves 15

500 g gravlax
1 dl herb Crème Bonjour
1 dl crème fraiche
1 tbsp dill, finely chopped
2 gelatine leaves
iceberg lettuce
capers
Mix together the crème fraiche, Crème Bonjour, dill and soak and dissolve the gelatine.

Cut the salmon into wide slices, starting from the tail. Place the slices widthways on a sheet of greaseproof paper. Spread soft cheese over the salmon pieces. Roll the salmon into rolls. Leave overnight in the freezer. Cut diagonally into slices about 1 cm thick. Place the slices on top of the shredded iceberg lettuce and garnish with dill and capers.

Wine suggestion:
A white wine, Sancerre or Pouilly Fumé from the Loire Valley are ideal with this dish.

CINDERELLA SALAD

Serves 15

iceberg lettuce
green lettuce
3 mangoes
3 avocados
500 g fresh strawberries
½ dl pine nuts
thyme
Shred the lettuces, julienne the mangoes and avocados and slice the strawberries. Place the slices on top of the shredded iceberg lettuce and garnish a serving bowl and pour dressing over. Sprinkle with pine nuts and garnish with thyme.

Dressing:
5 dl strawberry purée (200 g strawberries)
½ dl balsamic vinegar
1 tsp sugar
½ dl cooking oil
Mix all the ingredients into a smooth dressing.

DRÖMTÅRTA A LA BENGTSKÄR

15 portioner

Tårtbotten:
2 dl socker
200 g smält smör
4 äggulor
3 dl vetemjöl
2 msk kakao
2 tsk bakpulver
2 dl mjölk

Vispa ihop socker och smör vitt och pösigt. Rör ner äggulorna. Sikta mjölet, kakao, bakpulver och rör ner hälften i smörblandningen. Tillsätt mjölken. Vänd ner den återstående delen av mjölblandningen. Bred ut degen i botten på en form och därefter marängmassa ovanpå. Receptet är beräknat för en form som är ca 22 cm i diameter och för fyra likadana bottnar. Baka i 175 graders ugn ca 30 minuter.

Maräng:
4 äggvitor
3 dl socker
2 msk kakao

Vispa äggvitorna till hårt skum och tillsätt socker lite i sänder. Rör om tills sockret löst sig och smeten blivit blank. Tillsätt slutligen kakaopulvret siktat genom en sil.

Fyllning:
4 dl vispad grädde
4 tsk vaniljsocker
2 skivade bananer
Grand Marniermarinerade hallon

Vispa grädde och smaksätt med vaniljsocker. Lägg en botten på ett serveringsfat. Bred ut ett lager med vispgrädde och lägg på de skivade bananerna samt de marinerade hallonen. Bygg på de övriga bottnarna på samma sätt.

BENGTSKÄR
Fyren på Bengtskär, som byggdes år 1906, är den högsta fyren i Norden. Nuförtiden är fyrön ett populärt utflyktsmål, och det kan även ordnas festligheter och seminarier i fyren. Åbo universitet och Fortbildningscentralen vid Åbo universitet har sedan början av 1990-talet aktivt deltagit i att utveckla och renovera fyren på Bengtskär.

BENGTSKÄR
Vuonna 1906 rakennettu Bengtskärin majakka on Pohjoismaiden korkein. Majakkasaari on nykyisin suosittu retkikohde, ja majakassa voidaan myös järjestää juhlia ja seminaareja. Turun yliopisto ja Turun yliopiston jatkokoulutuskeskus ovat osallistuneet 1990-luvun alusta alkaen aktiivisesti Bengtskärin majakan kehittämiseen ja peruskorjaukseen.

BENGTSKÄR
The lighthouse on the island of Bengtskär was built in 1906 and is the tallest lighthouse in the Nordic countries. Today, the island is a popular place for excursions, and various events and conferences can also be held in the lighthouse itself. Since the early 1990s, the University of Turku and the Centre of Extension Studies at the University of Turku have played an active role in developing and renovating the lighthouse.

UNELMATORTTU BENGTSKÄRIN TAPAAN

15 annosta

Torttupohja:
2 dl sokeria
200 g sulatettua voita
4 munankeltuaista
3 dl vehnäjauhoja
2 rkl kaakaojauhetta
2 tl leivinjauhetta
2 dl maitoa

Vatkaa sokeri ja voi kuohkeaksi valkoiseksi vaahdoksi. Lisää keltuaiset yksitellen koko ajan sekoittaen. Sekoita jauhot, kaakaojauhe ja leivinjauhe keskenään ja siivilöi puolet seoksesta voivaahtoon. Lisää maito. Lisää loppu jauhoseos samalla sekoittaen. Levitä vuoan pohjalle ensin taikina ja sitten marenkimassa. Resepti on tarkoitettu halkaisijaltaan 22 cm:n vuokaa varten ja riittää neljään samanlaiseen torttupohjaan. Paista 175-asteisessa uunissa noin 30 minuuttia.

Marenki:
4 munanvalkuaista
3 dl sokeria
2 rkl kaakaota

Vispaa munanvalkuaiset kovaksi vaahdoksi. Lisää sokeri vähän kerrallaan ja vatkaa seos kiiltäväksi. Lisää lopuksi siivilöity kaakaojauhe.

Täyte:
4 dl kermavaahtoa
4 tl vanilliinisokeria
2 viipaloitua banaania
Grand Marnier -marinoituja vadelmia

Vaahdota kerma ja mausta vanilliinisokerilla. Aseta yksi torttupohja tarjoiluvadille. Levitä sen päälle kerros kermavaahtoa, banaaniviipaleet ja marinoidut vadelmat. Annostele lopuille torttupohjille täytettä samalla tavalla kerroksittain.

DREAM CAKE A LA BENGTSKÄR

Serves 15

Cake base:
2 dl sugar
200 g melted butter
4 egg yolks
3 dl wheat flour
2 tbsp cocoa
2 tsp baking powder
2 dl milk

Beat the sugar and butter until light and airy. Add the egg yolks. Sift the flour, cocoa and baking powder and fold half into the butter mixture. Add the milk. Fold in the remaining flour mix. Pour the mixture into the bottom of a baking tin and then add the meringue mixture on top. This recipe is for a Ø22 cm tin and four similar bases. Bake in a 175°C oven for about 30 minutes.

Meringue:
4 egg whites
3 dl sugar
2 tbsp cocoa

Whisk the egg whites until stiff and gradually fold in the sugar until it has dissolved and the mixture is a smooth consistency. Finally add the sifted cocoa powder.

Filling:
4 dl double cream
4 tsp vanilla sugar
2 sliced bananas
Raspberries marinated in Grand Marnier

Whip the cream until stiff and flavour with vanilla sugar. Place the base on a serving plate. Spread a layer of cream on to and add the sliced bananas and marinated raspberries. Place the other bases on top one at a time and fill in the same way.

GLÖDSTEKT OXBRINGA MED STUVNING PÅ SPENAT OCH SVARTA BÖNOR

4 portioner

600 g kokt rimmad oxbringa
300 g fläsksida
20 g ankfett
4 dl oxsvansfond
150 g hackad bladspenat
1 dl svarta bönor, blötlagda över natten
½ msk socker
1 hackad schalottenlök
½ dl Portvin
en kvist rosmarin

Stek fläsksidan i ankfett i 120 graders ugn tills den är mjuk och mör. Kyl och skär i små tärningar. Smält sockret i en kastrull och tillsätt lök och portvin. Koka ihop tills det nästan är som sirap. Tillsätt fonden, rosmarinen, spenaten och bönorna samt koka nästan klart. Tillsätt slutligen det tärnade fläskköttet och koka färdigt.

Skär den kokta rimmade oxbringan i 1 cm tjocka skivor och grilla över kol strax innan servering.

Guest chef Aki Wahlman, MTV3 "Kokkisota"

Vintips: *En fatlagrad Tempranillo från Spanien rekommenderas, Reserva eller Crianza av hög kvalitet.*

Viinivinkki: *Suosittelemme tynnyrissä kypsytettyä laadukasta espanjalaista Tempranilloa (Reservaa tai Crianzaa).*

Wine suggestion: *We recommend a cask aged Tempranillo from Spain, a quality Reserva or Crianza.*

KEITETTYÄ SUOLATTUA HÄRÄNRINTAA JA MUSTAPAPUJA

4 annosta

600 g keitettyä suolattua häränrintaa
300 g siankylkeä
20 g ankanrasvaa
4 dl häränhäntäfondia
150 g silputtuja pinaatinlehtiä
1 dl yön yli liotettuja mustapapuja
½ rkl sokeria
1 silputtu salottisipuli
½ dl portviiniä
1 rosmariininoksa

Paista siankylki ankanrasvassa 120-asteisessa uunissa pehmeäksi ja mureaksi. Jäähdytä ja leikkaa pieniksi kuutioiksi. Sulata sokeri kattilassa. Lisää sipulisilppu ja portviini. Keitä kokoon melkein siirapiksi. Lisää fondi, rosmariini, pinaatti ja pavut. Keitä melkein kypsäksi. Lisää lopuksi sianlihakuutiot ja keitä kypsäksi.

Viipaloi häränrinta 1 cm:n paksuisiksi viipaleiksi ja grillaa ne hiilillä hiukan ennen tarjoilua.

COOKED SALTED BRISKET OF BEEF AND BLACK BEANS

Serves 4

600 g cooked salted brisket of beef
300 g side of pork
20 g duck fat
4 dl oxtail stock
150 g chopped spinach leaves
1 dl black beans, soaked overnight
½ tbsp sugar
1 shallot, chopped
½ dl port wine
sprig of rosemary

Roast the side of pork in duck fat in a 120°C oven until soft and tender. Cool and chop into fine cubes. Melt the sugar in a saucepan and add the onion and port wine. Reduce until almost like a syrup. Add the stock, rosemary, spinach and beans. Cook until almost done. Finally add the diced meat and cook until done.

Cut the cooked salted brisket of beef in 1-cm slices and grill over charcoal immediately before serving.

–32°C KYLA

Vintertid växer havsisen snabbt genom tillfrysning från undersidan. Den isolerar effektivt havsytan genom att minska värmeväxlingen mellan ytan och atmosfären. Dessutom rör sig havsisarna med strömmar och vindar samt ändrar form: flaken driver upp på varandra, kläms mot varandra och bildar isvallar. När isen brister frigörs värme från vattnet och övergår till atmosfären.

–32°C PAKKASTA

Talvella merijää kasvaa nopeasti alapinnasta jäätymällä. Se eristää meren pinnan ilmakehästä tehokkaasti pienentäen lämmönvaihtoa pinnan ja ilmakehän välillä. Lisäksi merijäät liikkuvat virtausten ja tuulten mukana sekä muuttavat muotoaan: lautat ajautuvat toistensa päälle, puristuvat toisiaan vasten ja muodostavat jäävalleja. Jään rikkoutuessa vedestä vapautuva lämpö johtuu ilmakehään.

–32°C FROST

In winter, the sea ice increases rapidly as the top few centimetres of the sea surface freeze, effectively insulating it from the atmosphere and reducing the exchange of heat between the surface and atmosphere. Additionally, ice rafts move with sea currents and the wind and change shape: the rafts compress against each other to form ridges. When the ice is broken, heat from the water is released into the atmosphere.

GÖSFILE WALEWSKA

4 portioner

800 g gösfilé
1 gul lök i klyftor
dill
vitpepparkorn
tryffel
hummer eller kungskrabba
salt

Béchamelsås:
4 dl mjölk
2 msk smör
1 schalottenlök
2 msk vetemjöl
1 dl vispgrädde
1 äggula
½ tsk salt
vitpeppar och muskot efter smak

Värm mjölken. Fräs löken i smör utan att den får färg. Tillsätt vetemjölet och fräs ytterligare 2 minuter. Häll på hälften av mjölken och koka ca 5 minuter under ständig omrörning. Häll i resterande mjölk och koka upp, smaka av med kryddorna och sila såsen. Blanda äggulorna med uppvispad grädde och blanda ner i såsen strax före gratinering.

Värm vatten i kastrull och lägg ner lökklyftor, dillkvistar, vitpepparkorn samt salt. Koka upp så att smakerna dras ur, salta gösfiléerna och rulla ihop dem med skinnsidan inåt. Fäst med en tandpetare så att de inte öppnar sig vid kokning. Lägg ner fisken i spadet och pochera på svag värme ca 5 minuter.

Spritsa potatisduchessen på ett fat, ta upp fisken och låt rinna av på hushållspapper, ta även bort tandpetaren. Lägg upp fisken på fatet och toppa den med hummer eller kungskrabba, slå över såsen och gratinera i salamander eller under ugnens grillelement tills en gyllenbrun färg erhålls. Garnera med en tunn skiva tryffel, dill och citronklyftor.

Vintips: *Ett fint vin till en fin rätt skall det vara. En klassisk vit Bourgogne passar utmärkt.*

Viinivinkki: *Hieno viini hienoon ruokaan! Klassinen valkoinen burgundinviini sopii mainiosti.*

Wine suggestion: *A fine wine to complement a fine taste. A classic white Bourgogne is the perfect choice.*

KUHAFILEE WALEWSKA

4 annosta

800 g kuhafileetä
1 lohkottu keltasipuli
tilliä
kokonaisia valkopippureita
tryffeliä
hummeria tai kuningasrapua
suolaa

Béchamel-kastike:
4 dl maitoa
2 rkl voita
1 salottisipuli
2 rkl vehnäjauhoja
1 dl kuohukermaa
1 munankeltuainen
½ tl suolaa
valkopippuria ja muskottipähkinää maun mukaan

Lämmitä maito. Kuullota sipuli voissa. Älä päästä ruskistumaan. Lisää vehnäjauhot ja kuullota vielä 2 minuuttia. Kaada sekaan puolet maidosta ja keitä vielä 5 minuuttia koko ajan sekoittaen. Kaada sekaan loppu maito ja kiehauta. Lisää mausteet ja siivilöi kastike. Sekoita keltuaiset ja vatkattu kerma. Lisää seos kastikkeeseen samalla sekoittaen juuri ennen kuorruttamista.

Kiehauta kattilassa vettä, sipulilohkot, tillinoksat, valkopippurit ja suola. Keitä kokoon. Suolaa kuhafileet ja kääri ne rulliksi nahkapuoli sisäänpäin. Sulje rullat hammastikuilla, jotteivät ne aukeaisi kypsennettäessä. Asettele kalarullat liemeen ja hauduta miedolla lämmöllä noin 5 minuuttia.

Pursota duchesseperunasose vadille. Nosta kalarullat liemestä ja valuta talouspaperin päällä. Poista hammastikut. Asettele kalarullat vadille ja pane hummeri- tai kuningasrapupalat niiden päälle. Kaada kastike päälle ja gratinoi salamanterissa tai uunissa grillivastuksen alla kullanruskeaksi. Koristele ohuilla tryffeliviipaleilla, tillillä ja sitruunalohkoilla.

PIKE-PERCH A LA WALEWSKA

Serves 4

800 g fillet of pike-perch
1 yellow onion, cut into wedges
dill
white peppercorns
truffle
lobster or king crab
salt

Béchamel sauce:
4 dl milk
2 tbsp butter
1 shallot
2 tbsp wheat flour
1 dl double cream
1 egg yolk
½ tsp salt
white pepper and nutmeg to taste

To make the sauce:
Heat the milk. Sear the shallot in butter without browning. Add the wheat flour and sear for a further 2 minutes. Pour in half of the milk and cook for a further 5 minutes, stirring continuously. Pour in the rest of the milk and bring to the boil. Season with the herbs and strain the sauce. Mix the egg yolks into the whipped cream and fold into the sauce immediately before serving.

Heat some water in a saucepan and add the onion wedges, sprigs of dill, white peppercorns and salt. Bring to the boil to bring out the taste. Salt the fish fillets and roll up with the skin side on the inside. Fasten with a cocktail stick to prevent the rolls from opening during cooking. Put the fish into the stock and poach over a gentle heat for about 5 minutes.

Pipe duchess potatoes on a silver platter. Remove the fish and drain on kitchen paper. Remove the cocktail stick. Place the fish on the plate and top with lobster or king crab. Pour the sauce on top and gratin in a salamander or under the grill until golden brown. Garnish with a thin slice of truffle, dill and lemon wedges.

TOAST SKAGEN

4 portioner

400 g skalade och hackade räkor
1 dl majonnäs
1 msk citronsaft
2 msk hackad gräslök
½ finhackad rödlök
tabasco
4 skivor formfranska
4 salladsblad
75 g löjrom
4 dillkvistar
4 citronklyftor

Blanda majonnäs med gräslök, citronsaft, rödlök och lite tabasco. Rör ner de hackade räkorna och smaka av med salt och nymalen vitpeppar.

Kantskär det rostade brödet och fördela salladsbladen på skivorna. Täck med räkröran och toppa med löjrommen.

Garnera med en dillkvist och en klyfta citron.

Vintips: *Sauvignon Blanc från nya världen är ett bra alternativ.*

Viinivinkki: *Uuden maailman Sauvignon Blanc -viinit käyvät hyvin.*

Wine suggestion: *A Sauvignon Blanc from the New World is an acceptable choice.*

TOAST SKAGEN

4 annosta

400 g kuorittuja ja hienonnettuja katkarapuja
1 dl majoneesia
1 rkl sitruunamehua
2 rkl ruohosipulisilppua
½ silputtua punasipulia
tabascoa
4 viipaletta vaaleaa vuokaleipää
4 salaatinlehteä
75 g muikunmätiä
4 tillinoksaa
4 sitruunalohkoa

Sekoita majoneesiin ruohosipulisilppu, sitruunamehu, punasipuli ja tilkkanen tabascoa. Lisää joukkoon hienonnetut katkaravut. Mausta suolalla ja vastajauhetulla valkopippurilla.

Leikkaa paahdetuista leipäviipaleista reunat pois ja pane jokaiselle viipaleelle salaatinlehti. Peitä katkarapuseoksella ja lisää lopuksi muikunmätiä.

Koristele tillinoksalla ja sitruunalohkolla.

TOAST SKAGEN

Serves 4

400 g prawns, peeled and chopped
1 dl mayonnaise
1 tbsp lemon juice
2 tbsp chives, finely chopped
½ red onion, finely chopped
Tabasco
4 slices tinned loaf
4 lettuce leaves
75 g vendace roe
4 sprigs dill
4 lemon wedges

Mix the mayonnaise, chives, lemon juice, red onion and a dash of Tabasco. Blend in the chopped prawns and season with salt and freshly ground white pepper.

Cut the roasted bread diagonally and apportion the lettuce leaves on each slice. Cover with prawns and top with the vendace roe.

Garnish with a sprig of dill and wedge of lemon.

SEA & FOOD

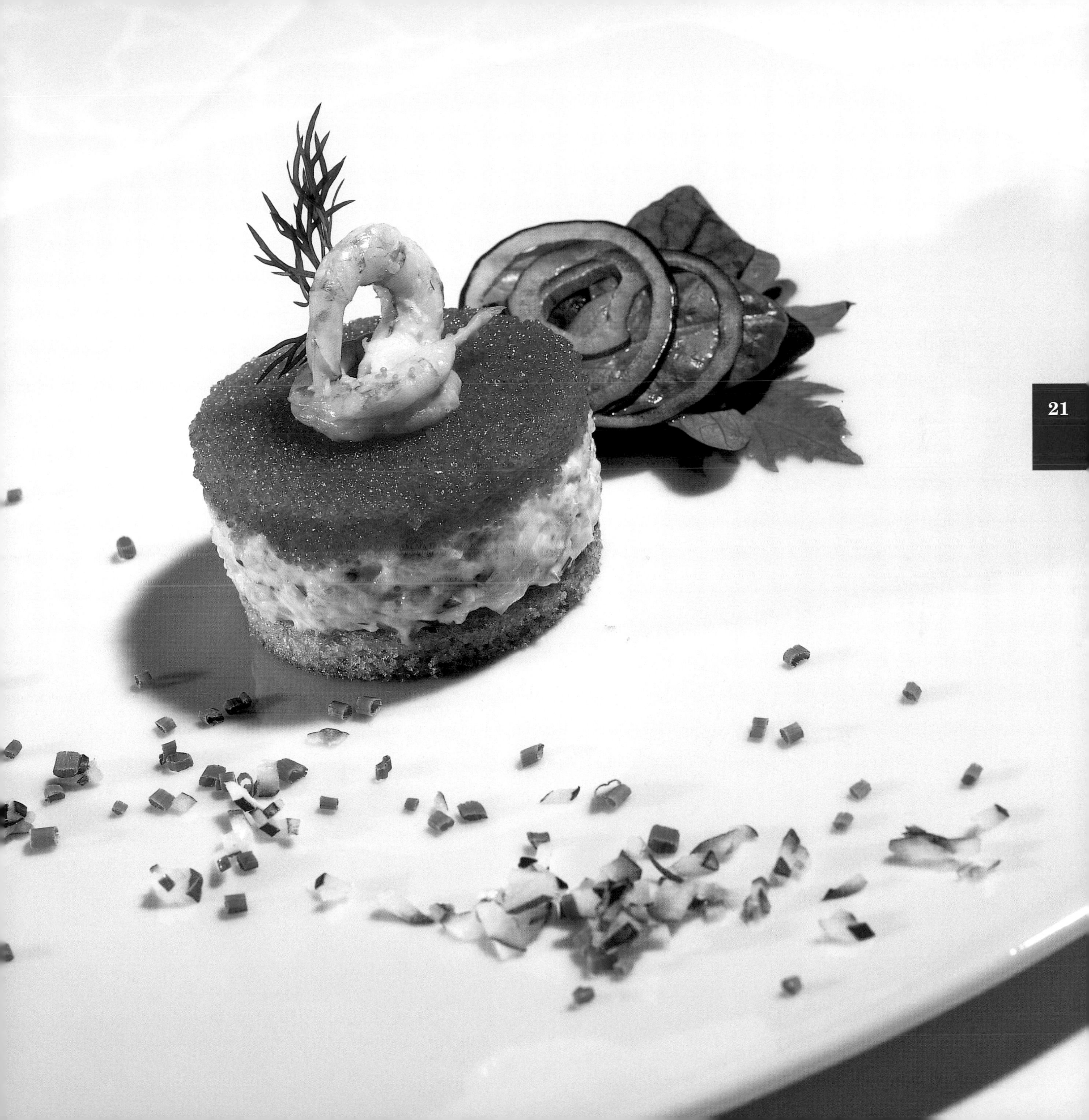

SCAMPI MED ÄNGSSYRA OCH CURRYSÅS

4 portioner

20 skalade scampistjärtar
200 g ängssyra blad
40 g osaltat smör
gräslök
lime

Currysås:
20 g curry
40 g finhackad shalottenlök
2½ dl torrt vitt vin
8 cl grädde
240 g osaltat smör
saften av ½ citron
salt och svartpeppar

Koka upp vinet med löken i en rostfri kastrull och reducera till ca ⅓. Tillsätt curry och grädde och koka ytterligare 3–4 minuter. Dra kastrullen av plattan och vispa ner smöret klickvis under ständig vispning till lagom konsistens. Smaka av med salt, peppar och citronsaft. Sila såsen.

Pochera scampin i lättsaltat vatten 2–3 minuter. Skölj ängssyran och ta bort mittsträngen från bladen. Blanchera bladen i skirat smör med salt och peppar. Lägg upp bladen på tallrik med scampin och häll currysåsen över. Garnera med gräslök och lime.

Vintips: *Fatlagrade Alsace viner av Pinot Gris eller Riesling druva. Sauvignon Blanc från nya världen. Halvtorr tysk Riesling Spätlese eller viner av Viognier druvan.*

Viinivinkki: *Tynnyrissä kypsytetyt Alsacen Pinot Gris- tai Riesling-viinit, uuden maailman Sauvignon Blanc -viinit, puolikuiva saksalainen Riesling Spätlese tai Viognier-rypäleistä valmistetut viinit.*

Wine suggestion: *Casked Alsace wines of Pinot Gris or Riesling grapes. A Sauvignon Blanc from the New World. A medium dry Riesling Spätlese or wines from Viognier grapes.*

MERIRAPUJA NIITTY-SUOLAHEINÄN JA CURRY-KASTIKKEEN KERA

4 annosta

20 kuorittua meriravunpyrstöä
200 g niittysuolaheinän lehtiä
40 g suolatonta voita
ruohosipulia
limettiä

Currykastike:
20 g curryä
40 g silputtua salottisipulia
2½ dl kuivaa valkoviiniä
8 cl kermaa
240 g suolatonta voita
½ sitruunan mehu
suolaa ja mustapippuria

Kiehauta viini ja sipulisilppu ruostumattomassa kattilassa ja keitä kokoon, kunnes nesteestä on jäljellä noin kolmannes. Lisää curry sekä kerma ja keitä vielä 3–4 minuuttia. Ota kattila levyltä ja lisää voi nokare nokareelta koko ajan vatkaten, kunnes kastike on sopivan paksuista. Mausta kastike suolalla, pippurilla ja sitruunamehulla. Siivilöi kastike.

Hauduta merirapuja kevyesti suolatussa vedessä 2–3 minuuttia. Huuhtele niittysuolaheinä ja poista lehdistä keskiruodit. Kiehauta lehdet voisulassa ja mausta suolalla ja pippurilla. Asettele lehdet ja meriravut lautasillc ja kaada päälle currykastiketta. Koristele ruohosipulilla ja limetillä.

SCAMPI WITH GARDEN SORREL AND CURRY SAUCE

Serves 4

20 scampi tails, peeled
200 g garden sorrel leaves
40 g unsalted butter
chives
lime

Curry sauce:
20 g curry
40 g shallot, finely chopped
2½ dl dry white wine
8 cl cream
240 g unsalted butter
juice of ½ a lemon
salt and black pepper

Bring the wine and onion to the boil in a stainless steel saucepan and reduce to about ⅓. Add the curry and cream and cook for a further 3–4 minutes. Remove the saucepan from the heat. Whisk in the butter, one pat at a time, stirring continuously to the right consistency. Season with salt, pepper and lemon juice to taste. Strain.

Poach the scampi for 2–3 minutes in lightly salted water. Rinse the garden sorrel and remove the hard stalks from the leaves. Blanch the leaves in melted butter with salt and pepper. Put the leaves onto a plate with the scampi and pour the curry sauce over them. Garnish with chives and lime.

OXFILÉ WELLINGTON

8 portioner

1½ kg oxfilé, helst mittbiten
1½ tsk salt
2 krm nymald vitpeppar
2 msk smör till bryning
1 pkt smördeg (425 g)
1 ägg till pensling

Fyllning: (duxellesmassa)
2 msk smör
1 gul lök
2 vitlöksklyftor
500 g färska champinjoner
300 g rökt skinka
12 ml Madeiravin
1 dl inkråm av formfranska
2 krm nymalen vitpeppar
1 tsk salt
2 äggulor
1 msk tomatpuré

Putsa, salta och peppra oxfilén samt bryn den runt om i het panna. Låt kallna helt. Fortsätt med duxellesfyllningen. Finhacka lök och vitlök, skär svamp och skinka i små tärningar. Fräs löken och vitlöken lätt i smör utan att de tar färg. Tillsätt svampen och koka ihop tills all vätska avdunstat. Tillsätt tomatpuré, skinka, vin och brödinkråm, smaka av med salt och peppar samt låt koka ihop till en torr massa. Tag pannan av spisen och rör ner äggulorna. Låt massan kallna helt. Sätt ugnen på 200 grader. Tag fram de tinade smördegsplattorna. Kavla ut degen till en fyrkant 40 x 40 cm. Bred ut ca ½ av fyllningen ca 5 cm in på degplattan så att oxfilén får plats ovanpå. Lägg oxfilén på fyllningen och bred ut resten av fyllningen på och runt omkring oxfilén så att den blir helt täckt. Pensla degkanten med uppvispat ägg och vik degen runt oxfilén så att hela blir täckt ordentligt. Lägg upp på en ugnsplåt med degskarven nedåt. Pensla degen med ägg och grädda i ugn ca 35 minuter. Låt svalna något innan den skärs i skivor. Servera gärna med madeirasås och sparris.

Vintips: *En klassisk rätt som gör sig bäst med ett klassiskt vin. Välj gärna röd Bordeaux, spansk röd Rioja eller en italiensk Chianti Riserva.*

Viinivinkki: *Klassikkoruoka pääsee parhaiten oikeuksiinsa klassikkoviinin kanssa. Ehdotamme punaista Bordeaux'ta, espanjalaista Rioja-punaviiniä tai italialaista Chianti Riservaa.*

Wine suggestion: *A classic dish that calls for a classic wine. Preferably a red Bordeaux, a Spanish red Rioja or an Italian Chianti Riserva.*

HÄRÄNFILEE WELLINGTON

8 annosta

1½ kg häränfileetä, mieluiten keskiosaa
1½ tl suolaa
2 maustemittaa vastajauhettua valkopippuria
2 rkl voita paistamiseen
1 paketti voitaikinaa (425 g)
1 muna voiteluun

Täyte: (duxelle)
2 rkl voita
1 keltasipuli
2 valkosipulinkynttä
500 g tuoreita herkkusieniä
300 g palvikinkkua
12 ml madeira-viiniä
1 dl ranskanleivän sisusta
2 maustemittaa vastajauhettua valkopippuria
1 tl suolaa
2 munankeltuaista
1 rkl tomaattisosetta

Puhdista häränfilee, mausta suolalla ja valkopippurilla ja ruskista voissa kuumalla paistinpannulla. Anna jäähtyä kokonaan. Tee duxelle-seos. Hienonna sipuli ja valkosipuli sekä kuutioi sienet ja kinkku. Kuullota sipuli ja valkosipuli kevyesti voissa. Älä päästä ruskistumaan. Lisää sienet ja keitä kokoon, kunnes kaikki neste on haihtunut. Lisää tomaattisose, kinkku, viini ja leivänsisus, mausta tarvittaessa suolalla ja pippurilla, ja anna kiehua kokoon kuivaksi massaksi. Ota paistinpannu liedeltä ja sekoita munankeltuaiset joukkoon. Anna jäähtyä kokonaan. Lämmitä uuni 200-asteiseksi. Ota esiin sulatetut voitaikinalevyt. Kaaviloi taikina neliöksi (40 x 40 cm). Levitä n. ½ seoksesta taikinalevylle. Jätä reunoihin 5 cm vapaata niin, että häränfilee mahtuu päälle. Pane filee täytteen päälle. Peitä filee kokonaan levittämällä sen päälle loput täytteestä. Sivele taikinareuna vatkatulla munalla ja taita taikina häränfileen ympärille niin, että filee jää kokonaan piiloon. Siirrä filee uunipellille taikinasauma alaspäin. Voitele taikina munalla ja paista uunissa n. 35 minuuttia. Anna lihan jäähtyä hieman ja leikkaa se viipaleiksi. Tarjoile lisäkkeinä madeirakastiketta ja parsaa.

FILLET OF BEEF A LA WELLINGTON

Serves 8

1½ kg fillet of beef
1½ tsp salt
2 ml freshly ground white pepper
2 tbsp butter for browning
1 packet puff pastry (425 g)
1 egg for glazing

Filling: (duxelles)
2 tbsp butter
1 yellow onion
2 garlic cloves
500 g fresh mushrooms
300 g smoked ham
12 ml Madeira
1 dl tinned loaf breadcrumbs
2 ml freshly ground white pepper
1 tsp salt
2 egg yolks
1 tbsp tomato purée

Clean, salt and pepper the meat. Brown on both sides in a hot pan. Leave to cool completely. In the meantime, make the duxelles stuffing. Finely chop the onion and garlic, cut the mushrooms and ham into small cubes. Sear the onion and garlic lightly in butter without browning. Add the mushrooms and cook until all the liquid has evaporated. Add the tomato purée, ham, wine and breadcrumbs. Season with salt and pepper to taste. Cook to a dry mixture. Remove the pan from the hob and mix in the egg yolks. Leave to cool completely. Preset the oven to 200°C Take the thawed sheets of puff pastry out of the packet. Roll out the pastry into a square, 40 x 40 cm. Spread approx. ½ of the filling on the pastry, leaving about 5 cm around the edge. Place the meat on top of the filling and spread the remainder of the filling on and around the meat so that it is completely covered. Brush the edge of the pastry with whisked egg. Fold the pastry around the fillet to completely cover it. Put on an oven tray with the pastry edges downwards. Brush the pastry with egg and bake in the oven for about 35 minutes. Leave to cool a little before slicing. Serve with Madeira sauce and asparagus.

HELSTEKT SJÖTUNGA MED CITRONSTEKTA CHAMPINJONER

1 sjötunga/person
Be att få den klippt och flådd
salt och nymalen peppar
smör till stekning

150 g färska champinjoner/
person
finhackad persilja
salt och peppar

Citronsmör:
250 g smör, osaltat
skal och saft av 2 citroner

Låt smöret bli rumstempere-
rat och rör ihop med citronsaft
och skal.

Krydda sjötungan med salt och
peppar samt stek i rikligt med
smör på hög värme på båda si-
dor. Fisken är klar när filéerna
börjar lossna något från varan-
dra i huvudändan.

Filéa fisken med hjälp av en
stekspade och kniv, ta till vara
ryggbenet för garnering. Varm-
håll fisken.

Skär svampen i fyra delar och
stek dem gyllenbruna i citron-
smöret på ganska hög värme.
Smaka av med salt, nymalen
peppar och den finhackade
persiljan.

Lägg upp fisken så den ser hel
ut med hjälp av stekspade, gar-
nera med det i paprikapulver
doppade ryggbenet och fördela
svamp och citronsmör över
portionen.

Servera med nykokt potatis
och citron.

Vintips: *En härlig rätt som mat-*
char ett bra vitt vin från
Bourgogne. Pröva även
Riesling från Österrike
eller från Alsace.

Viinivinkki: *Tähän maukkaaseen*
ruokalajiin sopii valkoi-
nen burgundinviini.
Voit kokeilla myös itä-
valtalaisia tai Alsacen
alueen Riesling-viinejä.

Wine sug- *A good white wine from*
gestion: *Bourgogne goes well*
with this delicious dish.
A Riesling from Austria
or Alsace is also a good
choice.

KOKONAISENA PAISTETTU MERIANTURA SITRUUNA-PAISTETTUJEN HERKKU-SIENIEN KERA

1 meriantura henkeä kohti
(pyydä perkaamaan kalat ja
poistamaan niistä nahka)
suolaa ja vastajauhettua pip-
puria
voita paistamiseen

150 g tuoreita herkkusieniä
henkeä kohti
persiljasilppua
suolaa ja pippuria

Sitruunavoi:
250 g suolatonta voita
2 sitruunan raastettu kuori ja
mehu

Anna voin lämmetä huoneen-
lämpöiseksi ja sekoita siihen
sitruunamehu ja raastettu sit-
ruunankuori.

Mausta meriantura suolalla ja
pippurilla ja paista voissa mo-
lemmilta puolilta kuumalla
pannulla. Kala on kypsää, kun
fileet alkavat irrota toisistaan
kalan pääpuolesta.

Fileoi kala paistinlastalla ja
veitsellä. Ota selkäruoto tal-
teen koristeeksi. Pidä kala
lämpimänä.

Leikkaa herkkusienet neljään
osaan ja paista melko kuumal-
la pannulla sitruunavoissa
kullankeltaisiksi. Mausta suo-
lalla, vastajauhetulla pippuril-
la ja persiljasilpulla.

Asettele kala paistinlastalla
niin, että se näyttää kokonai-
selta. Koristele paprikajauhee-
seen kastetulla selkäruodolla.
Lisää annoksen päälle herkku-
sieniä ja sitruunavoita.

Tarjoile lisäkkeinä vastakei-
tettyjä perunoita ja sitruunaa.

WHOLE FRIED SOLE WITH LEMON FRIED MUSH-ROOMS

1 sole, trimmed and skinned,
per persons
salt and freshly ground pepper
butter for frying

150 g fresh mushrooms per
person
finely chopped parsley
salt and pepper

Lemon butter:
250 g unsalted butter
zest and juice of 2 lemons

Leave the butter to soften at
room temperature and then
blend in the lemon zest and
juice.

Season the sole with salt and
pepper and fry over a brisk
heat on both sides in a gener-
ous amount of butter. The fish
is cooked when the fillets begin
to separate at the head.

Use a spatula and knife to re-
move the fillets, retain the
backbone for garnishing. Keep
the fish warm.

Quarter the mushrooms and
fry in the lemon butter over a
fairly brisk heat until golden.
Season with salt, freshly
ground pepper and the finely
chopped parsley.

Use a spatula to reconstitute
the fish so that it appears
whole. Garnish with the back
bone dipped in paprika powder
and divide the mushrooms and
lemon butter over each por-
tion.

Serve with freshly boiled po-
tatoes and lemon.

KÖKSMÄSTARNA
APRIL 2003

Viking Lines köksmästare från vänster: Bill Nyman, Kjell Holmström, Harry Ahlskog, Jörgen Schreiber, Juha Rissanen, Tero Luotonen, Tomas Lagercrantz, Bengt Mattsson, Terhi Rosendahl, Jonas Backman, Johnny Ivars, Ilpo Vainio, Henrik Ulfstedt, Leif Söderblom, Johan Sandberg, Heikki Pesonen, Markku Savonen och Taneli Haapanen.

KEITTIÖMESTARIT
HUHTIKUUSSA 2003

Viking Linen keittiömestarit vasemmalta: Bill Nyman, Kjell Holmström, Harry Ahlskog, Jörgen Schreiber, Juha Rissanen, Tero Luotonen, Tomas Lagercrantz, Bengt Mattsson, Terhi Rosendahl, Jonas Backman, Johnny Ivars, Ilpo Vainio, Henrik Ulfstedt, Leif Söderblom, Johan Sandberg, Heikki Pesonen, Markku Savonen ja Taneli Haapanen.

CHEFS APRIL 2003

Viking Line master chefs from the left: Bill Nyman, Kjell Holmström, Harry Ahlskog, Jörgen Schreiber, Juha Rissanen, Tero Luotonen, Tomas Lagercrantz, Bengt Mattsson, Terhi Rosendahl, Jonas Backman, Johnny Ivars, Ilpo Vainio, Henrik Ulfstedt, Leif Söderblom, Johan Sandberg, Heikki Pesonen, Markku Savonen and Taneli Haapanen.

FRITERAD CAMEMBERT MED HJORTRON

2 portioner

250 g camembert ost
1 dl vetemjöl
1 dl skorpmjöl
2 ägg
1 msk vatten
persilja
1½ dl hjortronsylt
½ dl matolja till fritering

Dela osten i 6 st lika stora bitar. Vispa ihop vatten och ägg. Panera ostbitarna noggrant, först i vetemjöl, sedan i äggblandningen och sist i skorpmjölet. Det är viktigt att paneringen är välgjord så att osten inte rinner ut.

Värm oljan till 175 grader och fritera ostbitarna ca 3 minuter eller tills de får en gyllenbrun färg. Ta upp ostbitarna och låt rinna av på hushållspapper. Plocka buketterna från persiljan och fritera dem tills det slutar fräsa i oljan. Låt också persiljan rinna av på hushållspapper och strö över en nypa fint salt.

Lägg upp osten på en desserttallrik med ett par skedar varm hjortronsylt och garnera med persiljan.

Vintips: *Välj gärna ett vin från Sauternes, eller ett glas Red Port.*

Viinivinkki: *Suosittelemme Sauternesia tai lasillista punaista portviiniä.*

Wine suggestion: *Choose a Sauternes or a glass of red port.*

FRITEERATTUA CAMEMBERT-JUUSTOA LAKKOJEN KERA

2 annosta

250 g camembert-juustoa
1 dl vehnäjauhoja
1 dl korppujauhoja
2 munaa
1 rkl vettä
persiljaa
1½ dl lakkahilloa
½ dl ruokaöljyä friteeraukseen

Paloittele juusto kuuteen yhtä suureen osaan. Vatkaa vesi ja munat. Leivitä juustopalat huolellisesti ensin vehnäjauhoissa, sitten munaseoksessa ja lopuksi korppujauhoissa. Huolellinen panerointi on tärkeää, jotta juustomassa ei valuisi ulos.

Lämmitä öljy 175-asteiseksi. Uppopaista juustopaloja noin 3 minuuttia tai kunnes ne saavat kauniin värin. Nosta juustopalat öljystä ja valuta ne talouspaperin päällä. Nypi persiljanlehtiä ja friteeraa ne, kunnes öljy lakkaa ritisemästä. Valuta myös persilja talouspaperin päällä ja ripottele päälle hyppysellinen hienoa suolaa.

Asettele juustopalat jälkiruokalautasille. Lisää muutama lusikallinen lämmintä lakkahilloa ja koristele persiljalla.

FRIED CAMEMBERT WITH CLOUDBERRIES

Serves 2

250 g Camembert
1 dl wheat flour
1 dl breadcrumbs
2 eggs
1 tbsp water
parsley
1½ dl cloudberry jam
½ dl cooking oil for deep-frying

Cut the cheese into six equal portions. Beat the egg and water together. Carefully bread the pieces of cheese by firstly dipping in the flour, then in the egg mix and finally in the breadcrumbs. Make sure the cheese is properly breaded otherwise it will leak out.

Heat the oil to 175°C and deep-fry the pieces of cheese for about 3 minutes until they are a golden brown. Remove the cheese and drain on kitchen paper. Separate the parsley into little sprigs and deep-fry in very hot oil for a few seconds. Drain the parsley on kitchen paper and sprinkle a pinch of salt over it.

Place the cheese on a dessert plate with a couple of spoonfuls of warm cloudberry jam and garnish with parsley.

&FOOD

GRÖNPEPPARBIFF

4 portioner

680 g oxfilé
2 msk smör till stekning
saften av en ½ citron
½ dl saft från persikakonserv
3 dl grädde
2 msk grönpeppar
2 msk fintärnad paprika
1 dl köttfond
salt och svartpeppar från kvarn
6 cl konjak

Skär oxfilén i fyra skivor, torka av och platta till så att de är ca 2½ cm tjocka. Krydda med salt och nymalen svartpeppar. Stek biffarna i het panna ca 3 minuter på vardera sidan. Slå konjak över, tänd på och låt all alkohol brinna upp. Lägg upp biffarna på ett fat och håll dem varma.

Koka upp köttfond och grädde i stekpannan, tillsätt grönpeppar och koka under omröring. Tillsätt saften av persika och citron samt paprikatärningarna. Koka ihop till lagom konsistens, smaka av och häll över biffarna. Garnera med några grönpepparkorn.
Servera med haricots verts och ugnsbakad potatis.

Viinivinkki: Täyteläisen voimakas punaviini on tähän ruokalajiin sopiva valinta. Kokeile lämpimien leveysasteiden Cabernet Sauvignon- tai Syrah-viinejä tai Tempranilloa. Myös amerikkalainen Zinfandel tai chileläiset Merlot- ja Carmenere-viinit sointuvat pihviin mainiosti.

Vintips: *Till denna rätt är det lämpligt att välja ett fylligt och kraftigt rödvin. Välj gärna Cabernet Sauvignon, Syrah från varma breddgrader eller Tempranillo. Även Zinfandel från USA eller Merlot- och Carmenere viner från Chile matchar rätten fint.*

VIHERPIPPURIPIHVI

4 annosta

680 g naudanfileetä
2 rkl voita paistamiseen
½ sitruunan mehu
½ dl säilykepersikoiden mehua
3 dl kermaa
2 rkl viherpippuria
2 rkl pieneksi kuutioitua paprikaa
1 dl lihafondia
suolaa ja mustapippuria myllystä
6 cl konjakkia

Leikkaa häränfilee neljäksi viipaleeksi. Kuivaa viipaleet ja nuiji ne noin 2½ cm:n paksuisiksi. Mausta suolalla ja vastajauhetulla mustapippurilla. Paista pihvejä kummaltakin puolelta kuumalla pannulla noin 3 minuuttia. Kaada päälle konjakki, sytytä ja anna kaiken alkoholin palaa pois. Asettele pihvit vadille ja pidä ne lämpiminä.

Kiehauta lihafondi ja kerma paistinpannulla. Lisää viherpippuri ja keitä koko ajan sekoittaen. Lisää persikka- ja sitruunamehu sekä paprikakuutiot. Keitä kastike sopivan sakeaksi, mausta ja kaada pihvien päälle. Koristele muutamalla kokonaisella viherpippurilla.
Tarjoile lisäkkeinä vihreitä papuja ja uuniperunaa.

GREEN PEPPER STEAK

Serves 4

680 g fillet of beef
2 tbsp butter for frying
juice of ½ lemon
½ dl juice from tinned peaches
3 dl cream
2 tbsp green pepper
2 tbsp finely chopped sweet pepper
1 dl meat stock
freshly ground salt and black pepper
6 cl cognac

Slice the fillet of beef into four. Dry and flatten until the pieces of meat are about 2½ cm thick. Season with freshly ground salt and black pepper. Fry the steaks in a hot pan for about 3 minutes on each side. Pour the cognac over the meat, ignite and let all the alcohol burn. Place the pieces of meat on a plate and keep warm.

Bring the meat stock and cream to the boil in a frying pan. Add the green pepper and bring to the boil stirring constantly. Add the peach and lemon juice and the diced sweet pepper. Reduce to a suitable consistency. Taste and pour over the meat. Garnish with green peppercorns.
Serve with haricots verts and jacket potatoes.

Wine suggestion: *A full, rich red wine is ideal with this dish. Preferably a Cabernet Sauvignon or Syrah from warm latitudes or a Tempranillo. A Zinfandel from the USA or Merlot and Carmenere wines from Chile are also a fine complement to this dish.*

GUSTAVSSVÄRD

Gustavssvärd är ett berömt sund mellan Sveaborgsöarna utanför Helsingfors. Ända in på 1900-talet var sundet ännu smalare så att det kunde avspärras från en fientlig flotta med mördande artillerield. Fästningen Sveaborg byggdes ursprungligen till försvar för Sverige-Finland. Byggnadsarbetena inleddes 1748. Namnet Sveaborg fick snart den finska formen Viapori, men i dag är det officiella finska namnet Suomenlinna.

KUSTAANMIEKKA

Kustaanmiekka on kuuluisa kapeikko, joka sijaitsee Helsingin edustalla Suomenlinnan saarten välissä. Kapeikko oli 1900-luvulle asti vielä kapeampi, jotta se voitiin sulkea vihollisen laivastolta murhaavalla tykkitulella. Suomenlinna rakennettiin aikanaan Ruotsi-Suomen puolustamiseksi. Linnoituksen rakennustyöt aloitettiin v. 1748. Sveaborg kääntyi kansan suussa suomenkieliseen Viapori-muotoon, mutta nyt alueen virallinen nimi on Suomenlinna.

KUSTAANMIEKKA

Kustaanmiekka is a well-known narrow strait between the Suomenlinna islands off the coast of Helsinki. Until the 1900s, the strait was even narrower than it is today and devastating cannon-fire from island fortresses could close it off to enemy ships. The fortress of Suomenlinna was built to defend Sweden-Finland. Construction work started in 1748. The name Sveaborg was soon given a Finnish form, Viapori, but is now officially known as Suomenlinna in Finnish.

TERRIN PÅ ANKLEVER OCH LÅNGKOKT FLÄSKSIDA MED ÄPPELKOMPOTT

20 portioner

1 kg långkokt fläsksida
1 kg anklever
4–6 dl rödvinssås
färsk körvel

Blanda den tärnade fläsksidan med rödvinssåsen. Rensa anklevern fri från hinnor och tillsätt den.

Klä en terrinform med smörpapper och fyll massan jämnt i formen samt stek i 150 graders ugn tills en innertemperatur av 28 grader uppnåtts.

Ställ att kallna under press.

Skär en tjock skiva terrin och värm den en aning under grillelementet, lägg upp på tallrik och servera med äppelkompott och balsamicosirap.

Garnera med färsk körvel.

Äppelkompott:
1 kg äpplen, Granny Smith eller annan fast sort
5 dl vatten
2–3 dl socker

Koka upp vatten och socker till lagen. Skala och kärna ur äpplena samt skär dem i tärningar. Koka äppeltärningarna mjuka i sockerlagen och kyl.

Guest chef, Antti Vahtera, Restaurant Rocca, Turku

Vintips: *Ett sött dessertvin t.ex. från Bordeaux passar utmärkt till ankleverterrinen. Testa även halvtorra eller söta vita viner såsom Riesling från Mosel eller Pinot Gris Vendange Tardive från Alsace.*

Viinivinkki: *Makea jälkiruokaviini (esim. Bordeaux) sopii ankanmaksaterriiniin mainiosti. Kokeile myös puolikuivia tai makeita valkoviinejä (esim. Moselin Rieslingiä tai Alsacen Pinot Gris Vendange Tardive -viinejä).*

Wine suggestion: *A sweet dessert wine from Bordeaux, for example, is the perfect complement to duck liver terrine. Mediumdry or sweet wines such as Riesling from Mosel or Pinot Gris Vendange Tardive from Alsace are also worth considering.*

ANKANMAKSA-PORSAANKYLKITERRIINI OMENAHILLOKKEEN KERA

20 annosta

1 kg ylikypsää porsaankylkeä
1 kg ankanmaksaa
4–6 dl punaviinikastiketta
tuoretta kirveliä

Kuutioi porsaankylki ja sekoita se punaviinikastikkeeseen. Poista ankanmaksasta kalvot ja lisää ankanmaksa porsaankylki-punaviinimassaan.

Vuoraa terriinivuoka voipaperilla ja täytä tasaisesti terriinimassalla. Paista 150-asteisessa uunissa, kunnes terriinin sisälämpötila on 28 astetta. Pane jäähtymään painon alle.

Leikkaa paksu viipale terriiniä ja lämmitä sitä hiukan grillivastuksen alla. Annostele lautaselle ja tarjoile lisäkkeinä omenahilloketta ja balsamicosiirappia.

Koristele tuoreella kirvelillä.

Omenahilloke:
1 kg Granny Smith- tai muita kiinteitä omenoita
5 dl vettä
2–3 dl sokeria

Kiehauta vesi ja sokeri liemeksi. Kuori omenat ja poista siemenkodat. Kuutioi omenat. Keitä omenakuutiot sokeriliemessä pehmeiksi ja jäähdytä.

TERRINE MADE OF DUCK LIVER AND OVERDONE PORK SPARE RIBS WITH APPLE COMPOTE

Serves 20

1 kg overdone pork spareribs
1 kg duck liver
4–6 dl red wine sauce
fresh chervil

Dice the spareribs and blend with the red wine sauce. Remove any membranes from the duck liver. Dice the liver and add it to the red wine sauce mix.

Line a terrine dish with greaseproof paper and pour the mix evenly into the dish. Cook in a 150°C oven until the inside temperature has reached 28°C.

Leave to cool under a weighted board.

Cut a thick slice of terrine and heat a little under the grill. Place on a plate and serve with apple compote and balsamic syrup.

Garnish with fresh chervil.

Apple compote:
1 kg apples, Granny Smith or another firm variety
5 dl water
2–3 dl sugar

Bring the water and sugar to the boil to make a syrup. Peel and core the apples before dicing. Cook the diced apple in the syrup and cool.

&FOOD

STEKT AND MED ANDLÅRSCONFIT OCH FIKONSÅS

4 portioner

2 hela änder
1 sommarkål
100 g Asterixpotatis
2 dl calvados
4 färska fikon
1 äpple
50 g korn
50 g rotsaker
grönsaksbuljong
500 g gåsfett
½ vitlök
socker
½ l hönsbuljong
50 g osaltat smör
timjan, lagerblad
salt och vitpeppar

Skär loss bröstbitarna och lår-klubborna. Stek resten av än-derna i ugn, tillsätt hönsbul-jong, skal och kärnhus från det klyftade äpplet, rotsaker, fi-kon, kryddor och calvados. Re-ducera så att 1/3 återstår. Sila och tillsätt slutligen osaltat smör.

Ta bort benen från låren och ställ köttet tillsammans med kryddor och gåsfett i 90 gra-ders ugn ca 8 timmar. Förväll sommarkålen och koka kornet mjukt i grönsaksbuljong. Sma-ka av med kryddorna och gör kålbollar. Värm i ugn med gås-fett.

Koka potatisen mjuk och gör potatispuré. Lägg upp den som tillbehör under anden. Rosta sockret, tillsätt de formskurna äppelklyftorna samt hönsbul-jongen. Låt småkoka tills det är färdigt. Stek bröstbitarna i smör och låt vila under lock i ca. 10 minuter. Servera som på bilden.

Guest chef, Pekka Terävä, Restaurant Palacenranta, Helsinki

Vintips: *Pinot Noir viner från Bourgogne eller nya världen matchar vilt särskilt väl.*

Viinivinkki: *Burgundin tai uuden maailman Pinot Noir -viinit ovat erityisen hy-viä riistaviinejä.*

Wine sug-gestion: *Pinot Noir wines from Bourgogne or the New World particularly lend themselves to game.*

PAISTETTUA SORSAA, SORSANJALKACONFIT JA VIIKUNAKASTIKE

4 annosta

2 kokonaista sorsaa
1 varhaiskaali
100 g Asterix-perunaa
2 dl calvadosta
4 tuoretta viikunaa
1 omena
50 g ohraa
50 g juureksia
kasvislientä
500 g hanhenrasvaa
½ valkosipulia
sokeria
½ l kanalientä
50 g suolatonta voita
timjamia, laakerinlehti
suolaa ja valkopippuria

Leikkaa sorsasta irti rintapa-lat ja koivet. Paista sorsan ran-gat uunissa, lisää kanaliemi, lohkotun omenan perkeet, vii-kunat ja juurekset sekä maus-teet ja calvados. Keitä kasaan niin että jäljelle jää 1/3 osaa. Siivilöi ja lisää lopuksi suola-ton voi.

Poista koipipaloista reisiluut ja laita lihat, mausteet ja han-henrasva 90-asteiseen uuniin 8 tunnin ajaksi. Ryöppää var-haiskaali ja keitä ohra kypsäk-si kasvisliemessä. Mausta ja valmista kaalipalloja. Lämmi-tä uunissa hanhenrasvan kera.

Keitä perunat kypsiksi ja val-mista perunasose. Tarjoile li-säkkeenä sorsan alle laitettu-na. Paahda sokeri, lisää muo-toilut omenalohkot ja lisää ka-nalientä. Hauduta kypsäksi. Paista sorsan rintapalat voissa kypsiksi ja anna vetäytyä pei-tettynä noin 10 minuuttia. Tar-joile kuvan mukaisesti.

FRIED DUCK WITH DUCK LEG CONFIT AND FIG SAUCE

Serves 4

2 whole ducks
1 early cabbage
100 g Asterix potatoes
2 dl Calvados
4 fresh figs
1 apple, cored, peeled and cut into wedges
50 g barley
50 g winter vegetables
vegetable stock
500 g goose fat
½ garlic
sugar
½ l chicken stock
50 g unsalted butter
thyme, bay leaf
salt and white pepper

Remove the breasts and legs from the duck. Roast the duck trunks in the oven. Add the chicken stock, core and peel from the wedged apples, win-ter vegetables, figs, seasoning and Calvados. Reduce to 1/3. Strain and add the unsalted butter.

Remove the bones from the duck legs and place the meat, seasoning and goose fat in a 90°C oven for 8 hours. Blanch the early cabbage and cook the barley in the vegetable stock. Season and make cabbage balls. Heat in the oven with the goose fat.

Boil the potatoes until cooked and purée. Serve as an accom-paniment under the duck. Roast the sugar, add the apple wedges and chicken stock. Simmer until cooked. Fry the breasts of duck in butter until cooked. Cover and leave to rest for about 10 minutes. Serve as illustrated.

Sea & Food

HAVTORNSBAVAROISE MED JORDGUBBSSORBET

4 portioner

Havtornsbavaroise:

5 äggulor
100 g florsocker
½ dl sött vin
1 dl havtornssaft
100 g hackad vit choklad
2 gelatinblad
½ l grädde

Vispa äggulor, florsocker, vin och havtornssaft till en pösig smet i ett vattenbad. Tillsätt därefter de blötlagda gelatinbladen. Smält den vita chokladen i ett vattenbad och vispa ner den i smeten. Låt blandningen svalna en stund. Vispa grädden lätt och rör ner den i blandningen. Häll sedan blandningen i formar och frys fyra timmar innan servering. Skär sedan bavaroisen i fina kuber.

Jordgubbssorbet:
500 g jordgubbspuré (mixade frysta jordgubbar som silas)
80 g socker
50 g glukos
10 g vodka

Ljumma jordgubbspuré, socker och glukos tills allt har löst sig. Tillsätt därefter vodkan. Kör blandningen i glassmaskin och frys.

Guest chef, Michael Björklund, Åland

Vintips: *Eiswein av Riesling eller söt mousserande Asti Spumante.*

Viinivinkki: *Riesling Eiswein tai makea Asti Spumante -kuohuviini.*

Wine suggestion: *An ice wine of Riesling or a sweet, sparkling Asti Spumante.*

TYRNIMARJA-KERMA-VANUKAS MANSIKKA-SORBETIN KERA

4 annosta

Tyrnimarja-kermavanukas:

5 munankeltuaista
100 g tomusokeria
½ dl makeaa viiniä
1 dl tyrnimarjamehua
100 g valkosuklaarouhetta
2 liivatelehteä
½ l kermaa

Vatkaa keltuaiset, tomusokeri, viini ja tyrnimarjamehu vesihauteessa kuohkeaksi vaahdoksi. Lisää liotetut liivatelehdet. Sulata valkosuklaa vesihauteessa ja lisää se tyrnimarjaseokseen. Anna jäähtyä hetki. Vatkaa kerma kevyesti ja lisää mukaan seokseen. Kaada vuokiin ja pakasta 4 tuntia ennen tarjoilua. Leikkaa kermavanukas pieniksi kuutioiksi.

Mansikkasorbetti:
500 g mansikkasosetta (sauvasekoittimella tai yleiskoneella soseutettuja ja siivilöityjä pakastemansikoita)
80 g sokeria
50 g glukoosia
10 g vodkaa

Lämmitä mansikkasosetta, sokeria ja glukoosia miedolla lämmöllä, kunnes kaikki ainekset ovat liuenneet. Lisää vodka. Jäädytä seos jäätelökoneessa ja pakasta.

SEA BUCKTHORN BAVAROISE WITH STRAWBERRY SORBET

Serves 4

Sea buckthorn bavaroise:

5 egg yolks
100 g icing sugar
½ dl sweet wine
1 dl sea buckthorn juice
100 g chopped white chocolate
2 gelatine leaves
½ l cream

Whisk the egg yolks, icing sugar, wine and sea buckthorn juice until airy in a double saucepan. Then add the soaked gelatine leaves. Melt the white chocolate in a double saucepan and add it to the mixture. Leave the mixture to cool a while. Lightly whip the cream and fold into the mixture. Pour the mixture into moulds and freeze for 4 hours before serving. Dice the bavaroise into fine cubes.

Strawberry sorbet:
500 g strawberry purée (strained frozen strawberries)
80 g sugar
50 g glucose
10 g vodka

Heat up the strawberry purée, sugar and glucose until they dissolve. Then add the vodka. Put the mixture in an ice-cream maker and freeze.

BASILIKAMARINERAD ABBORRFILÉ MED TOMAT-SABAYONNE

6 portioner

500 g tärnad abborrfilé
7 dl fiskfond
1½ dl vitt vin
1 hackad lök
salt och peppar

Marinad till abborrfilén:
1½ dl olivolja
½ dl vitvinsvinäger
salt och peppar
basilika
3 skalade och urkärnade to-mater
½ skalad och urkärnad färsk gurka

Skär tomaten i strimlor och tärna gurkan i tärningar om ½ x ½ cm.

Fräs löken, häll på vinet, till-sätt fiskfonden, smaka av med salt och peppar och låt koka upp. Sila bort löken och låt ab-borrtärningarna sjuda ett par minuter i buljongen. Häll bort buljongen. Tillsätt tomaten och gurkan och låt dra i marinaden ca 15 minuter.

Tomatsabayonne:
5 äggulor
2 dl vitt vin
4 passerade färska tomater (utan skal)
salt, peppar och socker
2 dl crème fraiche

Koka ihop vinet och de passe-rade tomaterna tills hälften återstår. Sila och tillsätt äg-gulorna under vispning. Låt koka upp. Vispa tills sabayon-nen har kallnat och tillsätt crè-me fraiche. Smaksätt med salt, peppar och socker.

Servera rätten kall med räkor, blåmusslor, salladsmix, färsk basilika och basilikaolja.

Vintips: Välj gärna ett Italienskt vitt vin från Neapeltrakten.

Viinivinkki: Suosittelemme italialai-sia Napolin alueen val-koviinejä.

Wine sug-gestion: Choose an Italian white from the Naples district.

BASILIKAMARINOITUA AHVENFILEETÄ TOMAATTI-SABAYONIN KERA

6 annosta

500 g kuutioitua ahvenfileetä
7 dl kalafondia
1½ dl valkoviiniä
1 silputtu sipuli
suolaa ja pippuria

Ahvenfileen marinadi:
1½ dl oliiviöljyä
½ dl valkoviinietikkaa
suolaa ja pippuria
basilikaa
3 kuorittua tomaattia (poista siemenet)
½ kuorittu tuore kurkku (pois-ta siemenet)

Suikaloi tomaatit ja leikkaa kurkku ½ x ½ cm:n kuutioiksi.

Kuullota sipuli. Kaada sekaan viini ja lisää kalafondi. Mausta suolalla sekä pippurilla ja kie-hauta. Siivilöi sipuli pois ja hauduta ahvenkuutioita muu-tama minuutti liemessä. Kaa-da liemi pois. Lisää tomaatti ja kurkku. Anna vetäytyä mari-nadissa noin 15 minuuttia.

Tomaattisabayon:
5 munankeltuaista
2 dl valkoviiniä
4 tuoretta kaltattua ja soseu-tettua tomaattia
suolaa, pippuria ja sokeria
2 dl ranskankermaa

Kiehauta viini ja soseutetut to-maatit. Keitä kokoon, kunnes nesteestä on jäljellä puolet. Siivilöi. Lisää munankeltuai-set yksitellen samalla vatka-ten. Kiehauta. Vatkaa, kunnes sabayon on jäähtynyt. Lisää ranskankerma. Mausta suolal-la, pippurilla ja sokerilla.

Tarjoile kylmänä katkarapu-jen, sinisimpukoiden, salaatti-sekoituksen, tuoreen basilikan ja basilikaöljyn kera.

PERCH FILLET MARINATED IN BASIL AND SERVED WITH TOMATO SABAYON

Serves 6

500 g diced perch fillet
7 dl fish stock
½ dl white wine
1 chopped onion
salt and pepper

Marinade:
1½ dl olive oil
½ dl white wine vinegar
salt and pepper
basil
3 peeled tomatoes with seeds and juice removed
½ fresh cucumber, with seeds removed

Cut the tomato into strips and the cucumber into ½ x ½ cm cubes.

Sear the onion. Pour the wine on top. Add the fish stock. Sea-son with salt and pepper and gently bring to the boil. Strain off the onion and let the diced perch simmer for a couple of minutes in the stock. Pour off the stock. Add the tomato and cucumber and leave in the marinade for about 15 min-utes.

Tomato sabayon:
5 egg yolks
2 dl white wine
4 pressed fresh tomatoes (skinned)
salt, pepper and sugar
2 dl crème fraiche

Bring the wine and pressed to-matoes to the boil and reduce to half. Strain and add the egg yolks whisking throughout. Bring to the boil. Whisk until the sabayon has cooled. Add the crème fraiche. Season with salt, pepper and sugar to taste.

Serve the dish cold with prawns, mussels, mixed salad, fresh basil and basil oil.

FLÄSKYTTERFILÉ SMAK-SATT MED FÄRSKA ÖRTER, RÖDVINSGLASERADE GRÖNSAKER OCH BACON-POTATISDUCHESSE

6 portioner

1,2 kg putsad fläskytterfilé
salt och peppar
olja och smör
färsk timjan och persilja

Putsa filén. Hetta upp oljan i en stekpanna. Tillsätt smör och stek filén gyllenbrun. Smaksätt med salt och peppar. Finhacka persiljan och timjan och sväng filén i örterna. Rulla in filén i dubbelfolie till en spänd rulle (som en karamell). Stek i 120 graders ugn tills filén är 59 grader i mitten. Låt vila i 5 minuter före uppskärning.

Rödvinssås:
2 finhackade gula lökar
5 finhackade vitlöksklyftor
5 dl rödvin
2 lagerblad
4 timjankvistar
5 dl kraftig köttbuljong

Bryn grönsakerna och tillsätt rödvinet och lagerbladen. Koka upp och reducera till hälften. Sila och blanda ihop med köttbuljong. Fortsätt att koka tills såsen blivit lagom simmig. Ta av kastrullen från plattan och tillsätt timjankvistarna. Ta bort timjankvistarna efter ett par minuter.

Servera med rödvinsglaserade schalottenlökar, tomater och champinjoner samt baconpotatisduchesse.

Vintips: *Italienskt, lättare, rödvin från Toscana t.ex. Chianti matchar denna härliga rätt utmärkt.*

Viinivinkki: *Kevyemmät Toscanan punaviinit Italiasta (esim. Chianti) sopivat tähän herkkuun erinomaisesti.*

Wine suggestion: *A light Italian red from Tuscany, Chianti, for example, is the perfect complement to this delicious dish.*

TUOREILLA YRTEILLÄ MAUSTETTUA PORSAAN ULKOFILEETÄ PUNAVIINI-GLASEERATTUJEN VIHANNESTEN JA PEKONI-DUCHESSE-PERUNAN KERA

6 annosta

1,2 kg puhdistettua porsaan ulkofileetä
suolaa ja pippuria
öljyä ja voita
tuoretta timjamia ja persiljaa

Puhdista filee. Kuumenna öljy paistinpannussa. Lisää voi ja paista filee kullanruskeaksi. Mausta suolalla ja pippurilla. Silppua persilja ja timjami. Kääntele filee yrttisilpussa. Kääri filee kaksoisfoliossa tiukaksi rullaksi (karamelliksi). Paista 120-asteisessa uunissa, kunnes fileen keskiosan lämpötila on 59 astetta. Anna vetäytyä 5 minuuttia ennen viipalointia.

Punaviinikastike:
2 silputtua keltasipulia
5 silputtua valkosipulinkynttä
5 dl punaviiniä
2 laakerinlehteä
4 timjaminoksaa
5 dl vahvaa lihalientä

Ruskista vihannekset. Lisää punaviini ja laakerinlehdet. Kiehauta. Keitä kokoon, kunnes nesteestä on jäljellä puolet. Siivilöi seos ja sekoita lihaliemeen. Jatka keittämistä, kunnes kastike sakeutuu sopivasti. Ota kattila levyltä ja lisää timjaminoksat. Poista timjami parin minuutin kuluttua.

Tarjoile lisäkkeinä punaviiniglaseerattuja salottisipuleita, tomaatteja ja herkkusieniä sekä pekoni-duchesseperunaa.

TENDERLOIN OF PORK SEASONED WITH FRESH HERBS, RED WINE GLAZED VEGETABLES AND DUCHESS BACON POTATOES

Serves 6

1.2 kg tenderloin of pork
salt and pepper
cooking oil and butter
fresh thyme and parsley

Remove any membranes from the meat. Heat up the oil in a frying pan. Add the butter and fry the meat until golden brown. Season with salt and pepper to taste. Finely chop the thyme and parsley and dip the meat in the herbs. Roll the meat tightly in two layers of foil (like a sweet). Bake the meat in a 120°C oven until it reaches 59°C in the middle. Leave to rest for 5 minutes before carving.

Red wine sauce:
2 yellow onions, finely chopped
5 garlic cloves, finely chopped
5 dl red wine
2 bay leaves
4 sprigs of thyme
5 dl strong meat stock

Brown the vegetables and add the red wine and bay leaves. Bring to the boil and reduce to half. Strain and add to the meat stock. Continue cooking until the sauce is suitably thick. Remove the saucepan from the heat and add the sprigs of thyme. Remove the thyme after a couple of minutes.

Serve with shallots glazed in red wine, tomatoes and mushrooms, with duchess bacon potatoes.

&FOOD

SALLAD PÅ GRÖN SPARRIS

4 portioner

24 gröna sparrisar
100 g sparrisändar
1 msk smör
4 färska champinjoner
1 avokado
pinjenötter
färska örter (persilja, körvel, timjan, salvia)
1 lime
1 msk äppelcidervinäger
lite sallad (t.ex. lollo rosso, frisée)
salt och peppar

Skala lätt den färska gröna sparrisen, skär bort den torra delen av foten. Koka sparrisen i lätt saltat vatten med saften av lime i ca 4 minuter. Lyft upp sparrisen och kyl ner den så att den bibehåller sin färg och inte blir för mjuk.

Balsamicosirap:
½ dl balsamicovinäger
20 g socker

Koka balsamicovinägern med sockret tills det blir trögflytande. Plocka och riv salladsbladen och vänd lätt i balsamsirapen. Rosta pinjenötterna lätt i en torr het stekpanna. Tärna champinjonerna och avokadon och lägg upp på tallrik tillsammans med sparrisen och salladen

Mixa örterna, tillsätt äppelcidervinägern, sparrisändarna och 1½ dl av det fortfarande varma kokspadet och mixa en stund så att allting är finfördelat. Sila genom en chinoise (trådsil). Tillsätt smöret och mixa såsen på nytt så det blir skummigt. Ringla såsen över sparrissalladen.

46

Vintips: *En klassisk kombination till sparris är ett vin av riesling-druvan. Alsace och Tyskland är självklara men testa gärna även riesling-viner från nya världen (utanför Europa). Även andra Alsace-druvor kan vara värda att pröva, t.ex. Pinot Blanc eller Muscadet.*

Viinivinkki: *Parsa ja Riesling-rypäleistä valmistettu viini ovat klassinen yhdistelmä. Alsace ja Saksa ovat itsestään selviä valintoja, mutta voit kokeilla myös Euroopan ulkopuolella valmistettuja uuden maailman Riesling-viinejä. Voit myös kokeilla muita Alsacen rypälelajikkeita, esim. Pinot Blancia tai Muscat'ta.*

Wine suggestion: *A classic accompaniment to asparagus is a Riesling. Alsace and Germany are the obvious choices, but Rieslings from the New World shouldn't be underestimated. Other Alsace varieties such as a Pinot Blanc or Muscat are worth trying.*

VIHREÄ PARSASALAATTI

4 annosta

24 vihreää parsatankoa
100 g parsanvarsia
1 rkl voita
4 tuoretta herkkusientä
1 avokado
pinjansiemeniä
tuoreita yrttejä (persiljaa, kirveliä, timjamia ja salviaa)
1 limetti
1 rkl omenasiideriviinietikkaa
vähän salaattia (esim. lollo rosso, frisée)
suolaa ja pippuria

Kuori tuore vihreä parsa varovaisesti ja leikkaa varren alin osa kokonaan pois. Keitä parsat kevyesti suolatussa ja yhden limetin mehulla maustetussa vedessä n. 4 minuuttia. Nosta parsat kattilasta ja laita ne kylmään, jotta ne säilyttävät värinsä eivätkä pehmene.

Balsamicosiirappi:
½ dl balsamicoviinietikkaa
20 g sokeria

Kiehauta balsamicoviinietikka ja sokeri sakeaksi seokseksi. Revi salaatinlehdet sopivan kokoisiksi ja kääntele niitä kevyesti balsamicosiirapissa. Paahda pinjansiemenet nopeasti kuumassa ja kuivassa paistinpannussa. Kuutioi herkkusienet ja aseta ne lautaselle parsan ja salaatin kanssa.

Laita yrtit tehosekoittimeen ja hienonna ne. Lisää omenasiideretikka, parsan varret ja 1½ dl vielä lämmintä keitinvettä ja sekoita täysin sileäksi massaksi. Siivilöi seos. Lisää voi, kaada kastike takaisin tehosekoittimeen ja vaahdota. Kaada kastike parsasalaatin päälle.

GREEN ASPARAGUS SALAD

Serves 4

24 green asparagus stalks
100 g asparagus tips
1 tbsp butter
4 fresh mushrooms
1 avocado
pine nuts
fresh herbs (parsley, chervil, thyme, sage)
1 lime
1 tbsp apple cider vinegar
some lettuce (lollo rosso, frisée)
salt and pepper

Lightly peel the fresh green asparagus, remove the dry end of the base. Cook the asparagus for about 4 minutes in lightly salted water with lime juice. Remove the asparagus and cool so that it retains its colour and does not become too soft.

Balsamic syrup:
½ dl balsamic vinegar
20 g sugar

Boil the balsamic vinegar with the sugar until it thickens. Remove and shred the lettuce leaves and dip lightly in the balsamic syrup. Roast the pine nuts lightly in a hot dry frying pan. Dice the mushrooms and avocado and place on a plate together with the asparagus and lettuce.

Mix the herbs. Add the apple cider vinegar, asparagus tips and 1½ dl of the still warm cooking liquid. Mix everything thoroughly together. Strain through a chinois. Add the butter and mix the sauce again until frothy. Pour the sauce over the asparagus salad.

FOOD

SKOGSSVAMPSTRUDEL MED SALLAD

4 portioner

1 förpackning, rumstempererad filodeg
4 msk olivolja
2 msk smör
1 msk citronsaft
1 ask rensad och tunt skivad svamp (shiitake, kantarell eller motsvarande svamp)
1 msk finhackad vitlök
2 msk finhackad schalottenlök
1 tsk finhackad dragon
1 tsk rivet citronskal

Lägg smöret, citronsaften, vitlöken, schalottenlöken och svampen i en kall stekpanna. Salta och peppra och låt koka på mellanvärme tills vätskan börjar sippra ut ur löken och svampen. Reducera till en fjärdedel och tillsätt sedan dragon och citronskal. Låt svampblandningen svalna.

Bred ut ett ark filodeg och pensla eller spraya den med olivolja. Lägg nästa ark filodeg ovanpå. Klicka en smal rand svampfyllning (knappa 4 cm per munsbit) 5 cm från nedre kanten av filodegen. Rulla ihop degen och pensla ytan med olivolja. Skär filodegsrullen i 5 cm breda munsbitar. Lägg bitarna på en ugnsplåt med bakplåtspapper och grädda i 230 graders ugn ca 10 minuter eller tills ytan fått en vacker guldbrun färg.

Servera som förrätt på en liten salladsbädd med vinägrett.

Vintips: *Beringer – Chardonnay, Pinot Noir eller Alluvium Red.*

Viinivinkki: *Beringer – Chardonnay, Pinot Noir tai Alluvium Red.*

Wine suggestion: *Beringer – Chardonnay, Pinot Noir or Alluvium Red.*

METSÄSIENISTRUUDELI, SALAATTIA

4 annosta

1 paketti filotaikinaa (huoneenlämpöistä)
4 rkl oliiviöljyä
2 rkl voita
1 rkl sitruunamehua
1 rasia sieniä (siitake-sieniä, kantarelleja tms.), puhdistettuina ja ohuiksi viipaloituina
1 rkl hienonnettua valkosipulia
2 rkl hienonnettua salottisipulia
1 tl hienonnettua rakuunaa
1 tl sitruunankuorta, raastettuna

Laita voi, sitruunamehu, valkosipuli, salottisipuli ja sienet kylmään paistinpannuun. Mausta suolalla ja pippurilla ja freesaa keskilämmöllä, kunnes sipulista ja sienistä alkaa irrota nestettä. Keitä kokoon siten, että nesteestä on neljäsosa jäljellä ja lisää sitten joukkoon hienonnettu rakuuna ja raastettu sitruunankuori. Anna sieniseoksen jäähtyä.

Levitä yksi arkki filotaikinaa työpöydälle ja voitele tai sumuta sen pinta oliiviöljyllä. Laita seuraava taikina-arkki ensimmäisen päälle. Lusikoi ohut kaistale sienitäytettä (vajaa 4 cm annospalaa kohti) 5 cm:n päähän taikina-arkin alareunasta. Rullaa taikina kääretortun tapaan ja voitele sen pinta oliiviöljyllä. Leikkaa filotaikinarullasta 5 cm leveitä annospaloja. Laita palat pellille leivinpaperin päälle ja paista 10 min. 230-asteisessa uunissa tai kunnes pinta on kauniin kullanruskea.

Tarjoile alkuruokana viinietikkakastikkeella pirskotetulla salaattipedillä.

WILD MUSHROOM STRUDEL WITH A SMALL SALAD

Serves 4

1 box phyllo dough (room temperature)
4 tbsp olive oil
2 tbsp butter
1 tbsp lemon juice
1 box assorted wild mushrooms (shitake, chanterelle etc.) cleaned & thinly sliced
1 tbsp garlic (finely minced)
2 tbsp shallot (finely minced)
1 tsp tarragon (chopped)
1 tsp lemon zest (grated & chopped fine)

Place the butter, lemon juice, garlic, shallot and mushrooms in a cold pan. Season with salt and pepper and cook over medium low heat until they release their juices. Reduce the juices by $1/4$, and then add the minced tarragon and lemon zest. Cool the mushroom mixture.

Place a sheet of phyllo out and brush with olive oil or spray with oil spray can. Place another sheet on top. Place a small strip of the mushroom filling ($1\frac{1}{2}$" for appet.) 2 inches from the bottom of the phyllo. Roll the phyllo up and brush exterior with olive oil. Slice at a diagonal every 2" for appetizer. Place these on a cookie sheet pan and bake at 230°C for 10 minutes or until golden brown.

Serve on a small salad of baby greens in vinaigrette for an appetizer.

Guest chef,
Jerry Comfort, USA

TIRAMISU SMAKSATT MED CITRON OCH RIESLING

10 portioner

2¹/₂ dl citronjuice, 6–7 citroner
230 g smör
230 g socker
5 ägg
4 msk grädde
smultron och mynta till garnering

Citronkräm:
Skär hälften av citronskalen i tunna strimlor, riv resten av skalen och pressa citronhalvorna. Blanda ihop ägg, smör, socker och citronsaft under kraftig omrörning på medelvärme tills krämen tjocknat. Sila krämen och tillsätt det rivna citronskalet. Låt svalna. Späd med lite grädde till önskad tjocklek. Förkoka de strimlade citronskalen i kokhett vatten och kandera dem med sockerlag.

Citron-Mascarponekräm:
1 burk Mascarponeost
5 dl grädde
48 italienska Savoiardikex
3,75 dl sött Rieslingvin eller annat dessertvin
2¹/₂ dl honung
5 dl vatten eller sött vin

Vispa först grädden tills den bildar mjuka toppar och vispa sedan Mascarponeosten tills små toppar bildas på ytan. Rör ner citronkrämen i Mascarponekrämen och vispa ihop blandningen. Vänd försiktigt ned den vispade grädden, täck med plastfolie och ställ i kylen. Koka upp honung, vatten och Riesling. Stäng av plattan och låt svalna.

Lägg upp portionen som bilden visar.

Vintips: Beringer Late Harvest ”Nightingale”, eller ungt portvin

Viinivinkki: Beringer Late Harvest ”Nightingale” tai nuori portviini.

Wine suggestion: Beringer Late Harvest ”Nightingale” or a young port wine.

SITRUUNALLA JA RIESLINGILLÄ MAUSTETTU TIRAMISU

10 annosta

2¹/₂ dl sitruunamehua, 6–7 sitruunaa
230 g voita
230 g sokeria
5 munaa
4 rkl kermaa
koristeluun metsämansikoita ja tuoretta minttua

Sitruunakreemi:
Leikkaa puolet sitruunankuorista ohuiksi suikaleiksi, raasta loput hienoksi ja purista sitruunoista mehu. Laita munat, voi, sokeri ja sitruunamehu kattilaan ja keitä keskilämmöllä koko ajan sekoittaen, kunnes kreemi sakeutuu. Siivilöi kreemi ja lisää siihen raastettu sitruunankuori. Anna jäähtyä. Ohenna kreemi sopivan paksuiseksi kermalla. Kiehauta suikaloidut sitruunankuoret vedessä ja kandeeraa ne sokeriliemessä.

Sitruuna-Mascarponeseos:
1 paketti Mascarpone-juustoa
5 dl kermaa
48 kpl italialaisia tiramisukeksejä 1 pieni pullo (375 ml) *makeaa riesling-viiniä
2¹/₂ dl hunajaa
5 dl vettä tai makeaa viiniä
*vaihdettavissa johonkin muuhun jälkiruokaviiniin

Vispaa kerma kunnes sen pinnalle muodostuu pehmeitä huippuja ja siirrä se sivuun. Vispaa mascarpone yhtä kuohkeaksi. Lisää sitruunakreemi Mascarpone-seoksen joukkoon ja sekoita ne vispaamalla. Lisää kerma joukkoon varovaisesti nostellen, peitä muovikelmulla ja siirrä jääkaappiin. Kiehauta hunaja, vesi ja riesling kattilassa. Ota pois liedeltä ja anna jäähtyä.

Kokoa annos lautaselle kuvan mukaisesti.

LEMON- AND RIESLING-TASTED TIRAMISU

Serves 10

2¹/₂ dl Meyer lemon juice, 6–7 lemons
230 g butter
230 g sugar
5 eggs
4 tbsp cream
fraise des bois and fresh mint for garnish

Lemon curd:
Julienne zest of ¹/₂ the lemons, grate zest of the other half, then juice them. Combine eggs, butter, sugar and juice, stirring constantly over medium heat until completely thickened. Strain, add grated lemon zest. Cool. Add cream to thin to desired sauce consistency. Blanch the julienned lemon zest in boiling water, then candy in a simple syrup.

Lemon-Mascarpone cream:
1 carton Mascarpone-cheese
5 dl cream
48 dry Italian LadyFingers
1 bottle *sweet Riesling 375 ml
2¹/₂ dl honey
5 dl water or sweet wine
*other dessert wine may be substituted

Whip the cream to soft peaks and set aside. Whip the Mascarpone until peaks form. Add equal parts lemon curd (2 cups to 1 pound) to the Mascarpone and whip to blend. Fold in the cream, cover and refrigerate. Bring the honey, water and Riesling sweet wine to a boil. Then turn off and cool.

Serve as illustrated.

51

Guest chef,
Jerry Comfort, USA

STEKT SKOGSDUVA MED GRÖNPEPPAR-VILTSÅS

4 portioner

2 skogsduvor
smör, salt och peppar
Rensa krydda och stek fåglarna gyllenbruna i en panna. Stek färdiga i 190 graders ugn ca 4½ minuter. Linda in duvorna i folie och låt vila.

Transbärssyltad schalottenlök:
500 g bananschalottenlök
½ l tranbärssaft
200 g tranbär
2 dl vitt vin
2 dl socker
schalottenlöksvinäger
salt och vitpeppar och timjan

Putsa och finhacka löken. Tillsätt de andra ingredienserna samt koka ihop på svag värme i ca 2 timmar. Smaka av med salt, peppar samt timjan.

Grönpeppar – viltsås:
skrovet från duvorna
500 g schalottenlök
200 g palsternacka
100 g rotselleri
hönsfond
½ l vitt vin
2 dl schalottenlöksvinäger
timjan, lagerblad, vitpeppar
grönpeppar, salt
100 g smör
Bryn fågelskrovet och rotsakerna. Tillsätt vinägern och vinet. Låt koka sakta ner och tillsätt buljongen. Sila och smaka av.

Karljohanssvamp och svartrotsgratäng:
100 g karljohanssvamp
50 g svartrot
50 g brysselkål
smör, salt och peppar
Putsa svampen och skala grönsakerna. Skär i grova bitar samt fräs i smör och smaksätt med salt och peppar.

Guest chef, Marko Palovaara, Restaurant G.W. Sundman's, Helsinki

Vintips: *En perfekt rätt till rödvin av Pinot Noir druva. Välj inte den allra lättaste varianten. De fina råvarorna kräver ett vin av något högre klass.*

Viinivinkki: *Täydellinen ruokalaji Pinot Noir -rypäleistä valmistettua punaviiniä varten. Älä valitse kaikkein keveintä vaihtoehtoa. Annoksen hienot raaka-aineet edellyttävät laadukkaampaa viiniä.*

Wine suggestion: *A perfect dish with a Pinot Noir red wine. Don't choose the lightest wine, these fine ingredients call for a wine of better quality.*

PAISTETTUA METSÄKYYHKYÄ, VIHERPIPPURI-RIISTAKASTIKE

4 annosta

2 metsäkyyhkyä
voita, valkopippuria ja suolaa
Puhdista ja mausta linnut. Ruskista kokonaiset metsäkyyhkyt paistinpannulla. Mausta ja paista 190-asteisessa uunissa noin 4½ minuuttia. Kääri linnut folioon ja anna vetäytyä.

Karpalomehustettu salottisipuli:
500 g pitkulaista salottisipulia
½ l karpalomehua
200 g karpaloita
2 dl valkoviiniä
2 dl sokeria
salottiviinietikkaa
suolaa, valkopippuria ja timjamia

Puhdista ja silppua sipuli. Lisää muut ainekset ja keitä kokoon miedolla lämmöllä noin 2 tuntia. Mausta suolalla, pippurilla ja timjamilla.

Viherpippuri-riistakastike:
metsäkyyhkyjen luut
500 g salottisipulia
200 g palsternakkaa
100 g juuriselleriä
kanafondia
½ l valkoviiniä
2 dl salottiviinietikkaa
timjamia, laakerinlehtiä ja valkopippuria
viherpippuria ja suolaa
100 g voita
Ruskista metsäkyyhkyjen luut ja juurekset. Lisää viinietikka ja viini. Keitä hiljalleen kokoon ja lisää liemi. Siivilöi ja mausta.

Herkkutatti-mustajuuri-gratiini:
100 g herkkutatteja
50 g mustajuurta
50 g ruusukaalia
voita, suolaa ja pippuria
Puhdista sienet ja suikaloi vihannekset. Leikkaa suuriksi paloiksi, kuullota voissa ja mausta suolalla ja pippurilla.

FRIED WOODPIGEON WITH GREEN PEPPER & GAME SAUCE

Serves 4

2 woodpigeons
butter, white pepper, salt
Dress and season the birds. Fry the birds in a saucepan until golden brown. Season and roast the birds in a 190°C oven for about 4½ minutes. Wrap the pigeons in foil and leave to rest.

Cranberry seasoned shallots
500 g banana shallots
½ l cranberry juice
200 g cranberries
2 dl white wine
2 dl sugar
shallot vinegar, salt and white pepper and thyme

Clean and finely chop the shallots. Add the other ingredients and reduce over a low heat for about 2 hours. Season with salt, pepper and thyme to taste.

Green pepper & game sauce:
woodpigeon giblets
500 g shallots
200 g parsnip
100 g celeriac
chicken stock
½ l white wine
2 dl shallot vinegar
thyme, bay leaves, white pepper
green pepper, salt
100 g butter
Brown the giblets and vegetables. Add the vinegar and wine. Slowly reduce and add the stock. Strain and taste.

Cep & Black salsify gratin:
100 g ceps or boletus
50 g black salsify
50 g brussel sprouts
Butter and white pepper
Clean the mushrooms and peel the vegetables. Cut into pieces and sear in butter. Season with salt and pepper.

&FOOD

MAKISUSHI MED LAX

1 ägg
½ tsk salt
2 tsk socker
5 noriblad
450 g sushiris, kokt
150 g laxfilé, skuren i stavar
1 tsk wasabi
½ liten gurka, skuren i stavar

Koka riset, helst i riskokare. Vispa upp ägg, salt och socker samt stek till en tunn omelett, låt svalna. Skär omeletten till fyrkanter motsvarande noribladets storlek. Lägg ett noriblad på en bambumatta, lägg omeletten över och täck med jämntjockt lager ris. Placera laxstavar tvärs över och stryk på lite wasabi, lägg gurkstavar bredvid laxen och rulla ihop, pressa samman. Lagom stora bitar med hjälp av en fuktig vass kniv.

VÅRRULLAR

ca 30 st
125 g kycklingfilé
1 msk fishsås
1 tsk socker
1 pkt vårrulledeg, ark
30 g glasnudlar, blötlagda
2 chalottenlökar, hackade
1 liten morot, strimlad
1 blekselleri, strimlad
2 msk vegetabilisk olja
60 g böngroddar
olja till fritering
sweet chili sås

Strimla kycklingfilén och blanda med fish-såsen, låt marinera ca 10 minuter. Lägg vårrullarna under fuktig duk. Fritera grönsakerna och löken ca 40 sekunder, tillsätt böngroddarna och kycklingen, stek vidare tills de tar färg. Fördela fyllningen på vårrullearken och rulla ihop, fäst kanterna genom att fukta dem med vatten. Fritera i olja tills de är gyllenbruna. Servera med sweet chilisås.

Vintips: Sauvignon Blanc vin från Nya Zeeland eller Syd Afrika är utmärkta val.

Viinivinkki: Uusiseelantilaiset tai eteläafrikkalaiset Sauvignon Blanc -viinit sopivat sushiin erinomaisesti.

Wine suggestion: A Sauvignon Blanc from New Zealand or South Africa is an excellent choice.

LOHITÄYTTEINEN MAKISUSHI

1 muna
½ tl suolaa
2 tl sokeria
5 nori-lehteä
450 g sushi-riisiä
150 g lohifileesuikaleita
1 tl wasabia
½ pientä kurkkua suikaleina

Keitä riisi mieluiten riisikeittimessä. Vatkaa munat, suola ja sokeri ja paista seoksesta ohut munakas. Anna jäähtyä. Leikkaa munakas nori-lehtien kokoisiksi neliöiksi. Levitä yksi nori-lehti bambumatolle. Laita sen päälle munakasneliö ja tasainen kerros riisiä. Asettele lohisuikaleita poikittain riisin päälle. Levitä lohen päälle hyvin ohuelti wasabia. Lisää kurkkusuikaleet lohen viereen. Kääri rullalle ja purista yhteen. Leikkaa rullasta sopivan kokoisia annospaloja kostutetulla terävällä veitsellä.

KEVÄTKÄÄRYLEET

n. 30 kpl kevätkäärylettä
125 g kanafileetä
1 rkl itämaista kalakastiketta
1 tl sokeria
1 paketti kevätkääryletaikinaa, arkkeina
30 g lasinuudeleita, liotettuina
2 silputtua salottisipulia
1 pieni suikaloitu porkkana
1 suikaloitu varsiselleri
2 rkl kasvisöljyä
60 g pavunituja
öljyä uppopaistamista varten
makeaa chilikastiketta

Suikaloi kanafileet ja sekoita ne itämaiseen kalakastikkeeseen. Anna marinoitua n. 10 minuuttia. Peitä kevätkääryletaikina kostealla pyyheliinalla. Uppopaista vihanneksia ja sipulia n. 40 sekuntia. Lisää pavunidut ja kana. Jatka paistamista, kunnes ne saavat kauniin värin. Jaa täyte kevätkääryletaikinan arkeille ja kääri ne rulliksi. Sulje reunat kostuttamalla ne kylmällä vedellä. Uppopaista kevätkääryleet öljyssä. Tarjoa makean chilikastikkeen kera.

MAKISUSHI WITH SALMON

1 egg
½ tsp salt
2 tsp sugar
5 nori sheets
450 g sushi rice
150 g salmon fillet, cut into sticks
1 tsp wasabi
½ small cucumber, julienned

Cook the rice, preferably in a rice cooker. Whisk together the egg, salt and sugar. Fry to make a thin omelette. Leave to cool. Cut the omelette into an oblong, the same size as the nori sheet. Place one nori sheet on a bamboo mat. Put the omelette on top and cover with an even layer of rice. Lay the salmon sticks diagonally on top and brush with a little wasabi. Place the cucumber sticks next to the salmon and roll. Press together. Use a sharp, damp knife to cut into thin pieces.

SPRING ROLLS

makes c. 30 spring rolls
125 g fillet of chicken
1 tbsp fish sauce
1 tsp sugar
1 packet spring roll dough, sheet
30 g glass noodles, soaked
2 shallots, chopped
1 small carrot, cut into strips
1 celery, cut into strips
2 tbsp vegetable oil
60 g bean shoots
oil for frying
sweet chilli sauce

Cut the chicken fillet into strips and mix with the fish sauce. Marinate for about 10 minutes. Put the spring rolls under a damp cloth. Deep-fry the vegetables and onion for about 40 seconds. Add the bean shoots and chicken. Cook until they turn colour. Spread the filling on the spring roll sheet and roll together. Moisten the ends with water to fasten them. Deep-fry the rolls in oil until golden brown. Serve with sweet chilli sauce.

&Food

STEKT TORSK OCH MUSSLOR I SAFFRANFOND

4 portioner

600 g färsk torskfilé
havssalt
olivolja

Saffranfond:
1 kg blåmusslor
1 schalottenlök
1 vitlöksklyfta
1 morot
½ färsk fänkål
en bit rotselleri
en persiljekvist
en timjankvist
saffran
saften av en apelsin
1 dl torrt vitt vin
3 msk olivolja
salt

Salta torskfilén lätt med havssalt och låt stå minst två timmar, gärna längre.

Finhacka schalottenlöken och vitlöken. Tärna moroten, sellerin och fänkålen fint (3 mm). Borsta musslorna noga och ta bort "skägget". Skölj musslorna i rinnande kallt vatten tills vattnet blir helt klart. Värm en låg kastrull på spisen, tillsätt olivolja och grönsaker, låt småputtra en stund. Tillsätt de sköljda musslorna samt kryddor, apelsinsaft och vitt vin. Lägg lock på och koka musslorna på stark värme tills de öppnat sig (3–4 min). Rada musslorna på tallrikarna och håll dem varma. Sila bort persilja och timjan ur lagen. Reducera tills ca 2 dl återstår. Smaka av. Torka av torskfilén och skär den till portionsbitar.

Stek torskfilébitarna snabbt i olivolja i het panna och lägg upp dem på tallrikarna, häll till slut den heta fonden över musslorna.

Vintips: *Saffran ger en intressant smakbrytning till maträtten, testa Torres Viña Esmeralda.*

Viinivinkki: *Sahrami antaa annokselle kiintoisan säväyksen. Kokeile Torres Viña Esmeraldaa.*

Wine suggestion: *Saffron gives an interesting flavour to this dish, try it with Torres Viña Esmeralda.*

PAISTETTUA TURSKAA JA SIMPUKOITA SAHRAMI-LIEMESSÄ

4 annosta

600 g tuoretta turskafileetä
merisuolaa
oliiviöljyä

Saframiliemi:
1 kg sinisimpukoita
1 salottisipuli
1 kpl valkosipulin kynsi
1 porkkana
½ tuoretta fenkolia
pala juuriselleriä
persiljan oksa
timjamin oksa
sahramia
1 appelsiinin mehu
1 dl kuivaa valkoviiniä
3 rkl oliiviöljyä
suolaa

Suolaa turskafilee kevyesti merisuolalla ja anna seistä vähintään kaksi tuntia, mutta mielellään kauemmin.

Hienonna salotti- ja valkosipuli hienoksi. Kuutioi porkkana, selleri ja fenkoli 3 mm kuutioiksi. Harjaa simpukat huolellisesti ja poista "parta". Anna simpukoiden huuhtoutua juoksevassa kylmässä vedessä kunnes vesi on aivan kirkasta. Kuumenna laakea kasari liedellä, lisää oliiviöljy sekä vihannekset, anna hautua hetki. Lisää valutetut simpukat sekä mausteet, appelsiinin mehu ja valkoviini. Pane kansi päälle ja anna simpukoiden kiehua kovalla lämmöllä kunnes ovat auenneet (n. 3–4 min). Asettele simpukat lautasille ja pidä lämpimänä. Poista liemestä persiljan ja timjamin oksa. Keitä lientä kokoon kunnes noin 2 dl on jäljellä. Tarkista maku.

Kuivaa turskafilee ja paloittele annospaloiksi. Paista paloiteltu turskafilee nopeasti oliiviöljyssä kuumalla pannulla ja asettele lautasille, kaada lopuksi kuuma liemi simpukoiden päälle.

FRIED COD AND MUSSELS IN SAFFRON STOCK

Serves 4

600 g fresh cod fillet
sea salt
olive oil

Saffron stock:
1 kg mussels
1 shallot
1 garlic clove
1 carrot
½ fresh fennel
piece of celeriac
sprig of parsley
sprig of thyme
saffron
juice of 1 orange
1 dl dry white wine
3 tbsp olive oil
salt

Lightly salt the cod with the sea salt and leave for at least two hours, preferably longer.

Finely chop the shallot and garlic clove. Dice the carrot, celeriac and fennel into 3 mm cubes. Carefully brush the mussels and remove the "beard". Rinse the mussels in running water until the water is completely clear. Make sure all the mussels are alive. Heat up the liquid in a pan. Add the olive oil and vegetables and leave to simmer a minute. Drain the mussels and add together with the seasoning, orange juice and white wine. Put the lid on the pan and let the mussels boil over a high heat until they have opened (c. 3–4 minutes). Arrange the mussels on plates and keep warm. Remove the sprigs of parsley and thyme from the stock. Reduce the stock to 2 dl. Taste.

Dry the cod fillet and cut into portions. Fry the fish quickly in olive oil in a hot pan and place on the plates. Finally pour the hot liquid over the mussels.

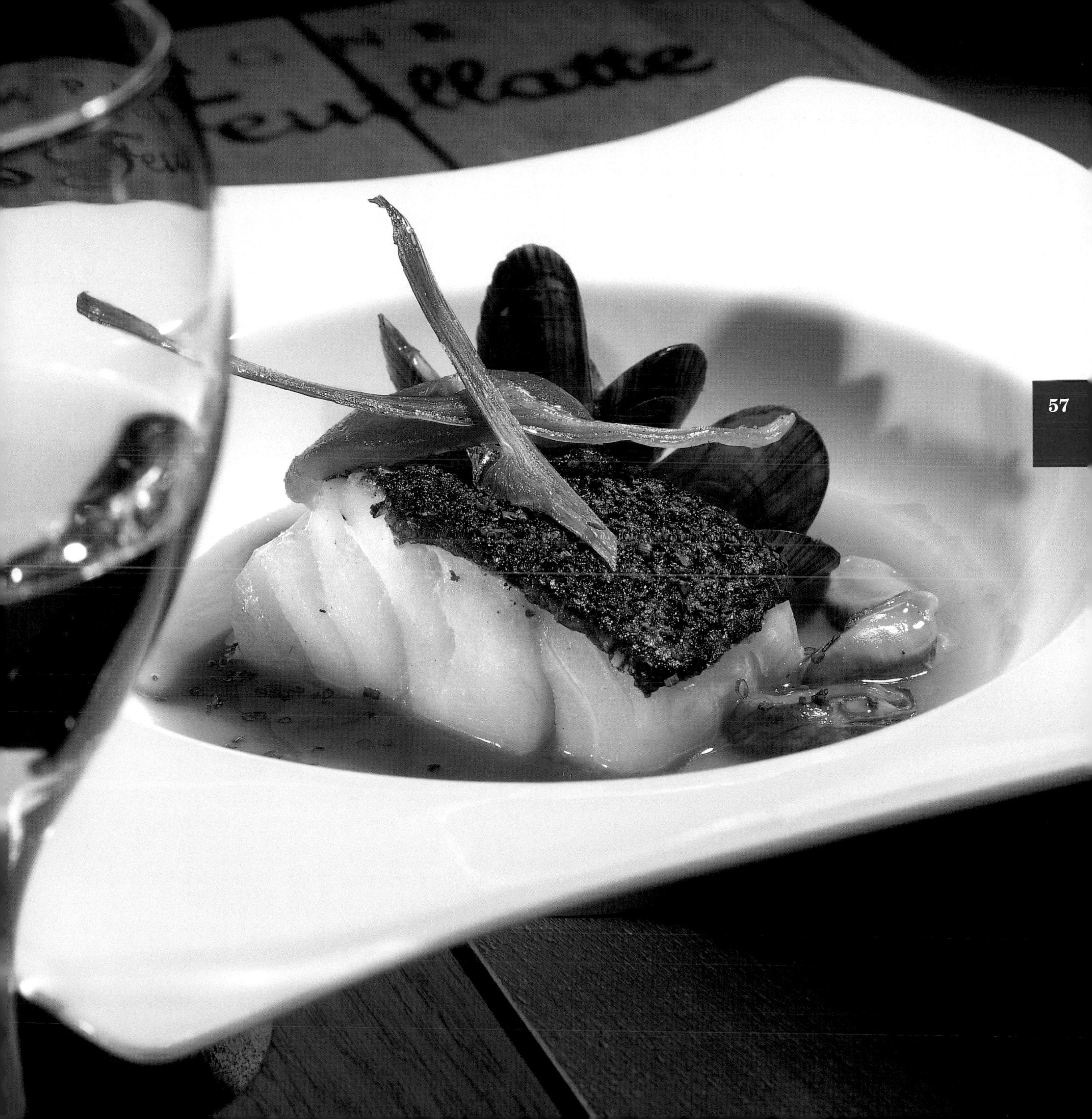

SALTIMBOCCA PÅ MAJSKYCKLING OCH KRÄMIG TRYFFELPOLENTA

4 majskycklingbröst
4 skivor lufttorkad skinka
4 stora salviablad
salt, vitpeppar

Tryffelpolenta:
200 g polentagryn
5 dl vatten
vispgrädde
smör
tryffelolja
parmesanost
salt, vitpeppar

mörk hönsbuljong
rökta vitlöksklyftor
(tryffel)

Salta och peppra bröstfiléerna, lägg ett salviablad på varje filé och linda in dem i lufttorkad skinka. Stek ruladerna nätt och jämnt färdiga i 175 graders ugn.

Koka upp vatten och häll det över polentan, rör om med gaffel och häll över allt i en kastrull. Tillsätt litet smör och grädde. Koka varsamt under ständig omrörning. Polentan skall vara krämig och mjuk. Salta, peppra och tillsätt slutligen riven parmesanost och tryffelolja.

Låt de rökta vitlöksklyftorna småkoka i mörk hönsbuljong tills de blivit mjuka. Blanka av med en klick smör.

Skeda upp polenta på tallriken, tillsätt skivad majskyckling och litet sås.

Vintips: *Detta är en maträtt som passar bra med såväl vitt som rött vin, gärna italienska. Det vita vinet kan med fördel vara av Trebbiano- och det röda av Sangiovese-druvan. Det röda bör framför allt vara lätt.*

Viinivinkki: *Tähän ruokaan sopii sekä valko- että punaviini (mielellään italialainen). Valkoviiniksi suosittelemme Trebbianoa ja punaviiniksi Sangioveseä. Punaviinin on oltava ennen kaikkea kevyttä.*

Wine suggestion: *This dish is ideal with either a white or red wine, preferably Italian. A white Trebbiano wine and a red Sangiovese are a good choice. The red wine should be light.*

MAISSIKANA SALTIMBOCCA JA KERMAISTA TRYFFELI-POLENTAA

4 maissikananrintaa
4 siivua ilmakuivattua kinkkua
4 suurta salvianlehteä
suolaa, valkopippuria

Tryffelipolenta:
200 g polentaryynejä
5 dl vettä
kuohukermaa
voita
tryffeliöljyä
parmesaanjuustoa
suolaa, valkopippuria

tummaa kanalientä
savustettuja valkosipulinkynsiä
(tryffeliä)

Mausta maissikananrinnat suolalla ja pippurilla, aseta salvianlehti jokaisen rinnan päälle ja kiedo rinta ilmakuivattuun kinkkuun. Paista rinnat 175-asteisessa uunissa kunnes ovat juuri ja juuri kypsiä.

Kiehauta vesi ja kaada se polentan päälle, sekoita haarukalla ja pane polenta kattilaan. Lisää hieman voita ja kermaa. Keitä varovasti koko ajan sekoittaen. Polentan tulee olla kreemimäistä ja pehmeää. Mausta suolalla ja pippurilla ja lisää lopuksi parmesaaniraastetta ja tryffeliöljyä.

Hauduta savustettuja valkosipulinkynsiä tummassa kanaliemessä kunnes kynnet ovat pehmenneet. Suurusta hieman kylmällä voilla.

Lusikoi polentaa lautaselle, lisää viipaloitu maissikana ja hieman kastiketta.

CORN CHICKEN SALTIMBOCCA WITH CREAMY TRUFFLE POLENTA

4 corn chicken breasts
4 slices air-dried ham
4 large sage leaves
salt, white pepper

Truffle polenta:
200 g polenta
5 dl water
double cream
butter
truffle oil
Parmesan cheese, grated
salt, white pepper

dark chicken stock
smoked garlic cloves
(truffles)

Season the chicken breasts with salt and pepper. Place a sage leaf on the top of each breast and wrap each breast in air-dried ham. Roast the breasts in a 175°C oven until they are only just cooked.

Bring the water to the boil and pour over the polenta. Mix with a fork and out the polenta in a pan. Add a little butter and cream. Carefully cook the mixture, stirring continuously. Then polenta should be soft and creamy. Season with salt and pepper and finally add the grated Parmesan and truffle oil.

Simmer the smoked garlic cloves in the dark chicken stock until the cloves soften. Thicken slightly with cold butter.

Spoon the polenta onto a plate. Add the sliced chicken breast and a little sauce.

RAVIOLI FYLLD MED KRONÄRTSKOCKA, TOMATSÅS OCH SPARRIS

4 portioner

¹/₂ aubergine
280 g färska lasagneplattor
320 g tomatsås
4 färska kronärtskocksbottnar, skivade
2 vitlöksklyftor
1 lagerblad
olivolja till stekning
280 g ricotta ost
1 ägg
finhackad persilja
hackad basilika, färsk
20 g riven parmesanost
salt och peppar
16 sparrisar

Gröp ur kärnhuset på auberginen och salta den lätt. Låt stå ca 15 minuter så att den vattnas ur något. Torka av och skär i strimlor, fritera samt låt rinna av på hushållspapper. Skala och koka sparrisen i lättsaltat vatten, ställ åt sidan och varmhåll.

Stansa ut 12 st cirklar av lasagneplattorna med en utstickare (10 cm i diameter). Fräs vitlöksklyftor och lagerblad i olivolja, tillsätt kronärtskockan och stek tills den mjuknar på svag värme ca 5-10 minuter, salta och peppra. Tag bort vitlöken och lagerbladet och släng. Lägg skockorna i mixer och tillsätt ricottaost, ägg, persilja, basilika samt parmesanost och kör till slät puré. Smaka av med salt och peppar.

Fördela purén på pastacirklarna, pensla kanterna med äggula och vik ihop till halvmånar. Koka raviolin i rikligt, med lättsaltat vatten. Värm tomatsåsen och lägg upp, fördela raviolin på tallrikarna. Garnera med friterad aubergine och sparris.

Harmaja, Helsinki

Vintips: *Köksmästaren som har komponerat rätten kommer från Sicilien och då är det förstås på sin plats att välja ett vin från Sicilien. Även lättare italienska Sangiovese viner kan rekommenderas.*

Viinivinkki: *Tämän annoksen kehittänyt keittiömestari on kotoisin Sisiliasta, joten on paikallaan valita sisilialainen viini. Myös kevyempiä italialaisia Sangiovese-viinejä voi suositella.*

Wine suggestion: *Since the chef innovating this dish comes from Sicily, a Sicilian wine wouldn't be out of place. We can also recommend lighter Italian Sangiovese wines.*

ARTISOKALLA TÄYTETTYJÄ RAVIOLEJA, TOMAATTIKASTIKETTA JA PARSAA

4 annosta

¹/₂ munakoisoa
280 g lasagnelevyjä (tuorepastaa)
320 g tomaattikastiketta
4 tuoretta viipaloitua latva-artisokan pohjaa
2 valkosipulinkynttä
1 laakerinlehti
oliiviöljyä paistamiseen
280 g ricotta-juustoa
1 muna
persiljasilppua
tuoretta silputtua basilikaa
20 g raastettua parmesaania
suolaa ja pippuria
16 parsaa

Koverra munakoisosta siemenkota ja suolaa munakoiso. Anna nesteen nousta pintaan n. 15 minuuttia. Kuivaa, suikaloi ja paista munakoiso ja valuta talouspaperilla. Kuori ja keitä parsa kevyesti suolatussa vedessä, laita sivuun ja pidä lämpimänä.

Tee lasagnelevyistä muotilla 12 ympyrää (halkaisijaltaan n. 10 cm). Kuullota valkosipulinkynnet ja laakerinlehdet oliiviöljyssä, lisää artisokka ja hauduta miedolla lämmöllä 5–10 minuuttia. Mausta suolalla ja pippurilla. Poista valkosipulinkynnet ja laakerinlehti pannusta. Laita artisokat tehosekoittimeen, lisää ricotta-juusto, muna, persilja, basilika ja parmesaani ja sekoita sileäksi soseeksi. Mausta suolalla ja pippurilla.

Lusikoi sose pyöreille pastalevyille, sivele reunat munankeltuaisella ja taita levyt puolikuun muotoisiksi tyynyiksi. Keitä raviolityynyt runsaassa kevyesti suolatussa vedessä. Lämmitä tomaattikastike, annostele se lautasille ja pane jokaiselle lautaselle ravioleja. Koristele tiristetyllä munakoisolla ja parsalla.

RAVIOLI STUFFED WITH GLOBE ARTICHOKE, TOMATO SAUCE AND ASPARAGUS

Serves 4

¹/₂ aubergine
280 g fresh lasagne strips
320 g tomato sauce
4 fresh globe artichoke bases, sliced
2 garlic cloves
1 bay leaf
olive oil for frying
280 g Ricotta
1 egg
finely chopped parsley
finely chopped fresh basil
20 Parmesan cheese, grated
salt and pepper
16 asparagus stalks

Remove the seeds and slightly salt the aubergine. Leave for about 15 minutes until it begins to water. Dry and cut into strips. Deep-fry and drain on kitchen paper. Peel and cook the asparagus in lightly salted water. Put on the side and keep warm.

Use a biscuit cutter, Ø10 cm, to cut out 12 circles of lasagne. Sear the garlic cloves and bay leaf in olive oil. Add the globe artichoke and fry for 5–10 minutes over a low heat until it softens. Salt and pepper. Remove the garlic cloves and bay leaf. Put the artichokes in a blender. Add the Ricotta, egg, parsley, basil and Parmesan cheese and mix to a smooth purée. Season with salt and pepper to taste.

Put the purée onto the lasagne circles. Brush the edges with egg yolk and fold over to make half moons. Cook the ravioli thoroughly in lightly salted water. Heat up the tomato sauce. Put on plates and apportion the ravioli. Garnish with the deep-fried aubergine and asparagus.

Guest chef, Di Achille Pinna, Italy

VÄLKOMMEN I VINGÅRDEN!

Vinintresset har aldrig varit större än nu. Allt fler breddar smakhorisonten och botaniserar i Viking Lines blomstrande vingård. Att upptäcka nya viner och njuta dem till god mat med goda vänner, hör till livets höjdpunkter. Jag arbetar med vinmakare världen runt för att hitta nya doft- och smakupplevelser i min BFC vin- och olivoljeserie. Vin är inte bara det som är i glaset utan också kulturhistoria, personligheter, geografi och gastronomi.

Välkommen i min vingård!

BLI VINPROVARE PÅ 15 MINUTER

Känns det märkligt då vinprovare snurrar glaset, sätter ner näsan, sniffar, sörplar och kommenterar: Tydlig Cabernet på nya rostade fat av amerikansk ek med vaniljton, fullmogen frukt, påminner om nya världen, Kalifornien, Sonoma en 98:a från Gallo. Javisst! Det är inte så svårt som det låter. Det är ditt lukt- och smaksinne som bestämmer. Inte vad olika vinexperter anser. Däremot kan en vägledning genom vindjungeln öppna dina sinnen och fördjupa upplevelsen av olika viner. Vinprovning bygger på en rationell, logisk och metodisk hantering. Druvsort, jordmån, klimat, tillverkningsmetod och vinets ålder har betydelse för hur vinet smakar. Så vad väntar vi på? Köp hem några buteljer, korka upp, låt vinerna stå en stund i glasen så aromen utvecklas.

TERVETULOA VIINITARHAAN!

Viiniä kohtaan tunnetaan nyt suurempaa kiinnostusta kuin koskaan. Yhä useammat ihmiset avartavat makutottumuksiaan tutustumalla Viking Linen kukoistavan viinitarhan antimiin. Uusien viinien kokeilu ja niistä nauttiminen hyvän ruoan kera hyvien ystävien seurassa on elämän kohokohtia. Työskentelen yhteistyössä eri maailmankolkkien viininvalmistajien kanssa etsien uusia makuelämyksiä täydentämään BFC-nimistä viini- ja oliiviöljysarjaani. Viini ei ole pelkkää nestettä lasissa vaan myös kulttuurihistoriaa, persoonallisuuksia, maantiedettä ja gastronomiaa.

Tervetuloa viinitarhaani!

VARTISSA VIININ-MAISTAJAKSI

Tuntuuko oudolta, kun viininmaistaja pyörittelee lasia ja työntää siihen nenänsä sekä kommentoi nuuhkittuaan ja ryystettyään: Selvä tapaus – cabernet, jonka paahteinen nuoren amerikkalaisen tammen aromi vivahtaa vaniljaan ja kypsiin hedelmiin… Kalifornia, Sonoma, Gallo, vuosikerta 98. Aivan! Kuulostaa vaikeammalta kuin onkaan. Anna viinintuntijoiden näkemysten sijasta oman haju- ja makuaistisi ratkaista. Toisaalta muutama viiniviidakon läpi ohjaava tienviitta voi tehostaa aistimuksiasi, ja saat ehkä viininautinnostasi enemmän irti. Viinin maistaminen perustuu rationaaliseen, loogiseen ja järjestelmälliseen toimintaan. Rypälelajike, maaperä, ilmasto, valmistusmenetelmä ja viinin ikä vaikuttavat viinin makuun. Mitä siis odottelemme? Osta kotiin pullo tai pari ja avaa ne. Anna viinin hengittää hetki lasissa, niin aromit vapautuvat.

WELCOME TO THE VINEYARD!

Interest in wines has never been greater. More and more passengers are broadening their taste horizons and cultivating their knowledge of wines in Viking Line's flourishing vineyard. Drinking newly discovered wines with superb cuisine is one of the great pleasures in life. I work with winemakers from around the world to discover new aroma and taste experiences in my BFC wine and olive oil series. There's more to wine than what you see in the glass. Culture, history, personality, geography and gastronomy are also inherent in wine.

Welcome to my vineyard!

HOW TO BECOME A WINE TASTER IN 15 MINUTES

Isn't it incredible how wine tasters can swirl a glass, take a deep sniff, slurp, rinse around the mouth and then deliver their judgement: definitely a Cabernet, matured in a newly toasted American oak barrel with tones of oak, fully ripened fruit, reminiscent of the New World, California, Sonoma a 1998 from Gallo. Voilà! Wine tasting is not as difficult as it you might think. It's your own sense of smell and taste that decide, not the opinions of various wine experts. On the other hand, a guiding hand through the complex world of wine can open up your mind and intensify your appreciation of different wines. Wine tasting is built on rational, logical and methodical ways. The variety of grape, soil, climate, production method and vintage all affect wine taste. So what are we waiting for? Buy a few bottles to take home, open a bottle or two, pour the wine into a glass and leave to stand for a while so that the aroma develops.

Bengt Frithiofsson, Stockholm

SNURRA, SNIFFA, SÖRPLA, SMAKA OCH SPOTTA

Var?

Prova vinerna helst i ett väd-rat rum med bra allmänljus.

Glaset

Använd ett generöst ganska stort ofärgat glas med tulpan-formad kupa, ett rejält skaft att hålla i och stadig rund fot att stå på. Fyll aldrig glaset mer än en tredjedel, så du kan snurra vinet utan att det skvätter ur.

Hur?

Fatta glaset i skaftet, aldrig om själva kupan. För handens värme påverkar vinets tempe-ratur. Dessutom blir det finger-avtryck på glaset vilket stör din färgupplevelse av vinet.

Kolla färgen

Vinets färg avslöjar dess ålder. Luta glaset och studera vinets yttersta kant. Unga vita viner är vattenklara, ibland grön-skimrande. Mogna vita får en mörkare ton med drag åt bärn-sten.

Unga röda har en blåröd kant. Mogna röda har en tegelröd till brunorange kant.

Snurra

Sätt fart på vinet genom att snurra glaset. Det ger vinet en större yta, vinet "luftas" och avger bättre sina aromer. Din doftupplevelse blir mer kon-centrerad.

PYÖRITTELE, NUUHKI, RYYSTÄ, MAISTA JA SYLJE

Missä?

Viinien maistaminen sujuu parhaiten ilmastoiduissa ja hyvin valaistuissa tiloissa.

Lasi

Käytä suurehkoa, värittömäs-tä lasista valmistettua lasia, jossa on tulppaaninmuotoinen pesä, reilunpituinen varsi, jos-ta saa hyvän otteen, ja vakaa pyöreä jalka. Älä koskaan täy-tä enempää kuin kolmannes lasista – siten voit pyöritellä viiniä lasissa läikyttämättä.

Miten?

Ota lasia kiinni varresta, älä koskaan pesästä. Käsiesi läm-pö nimittäin vaikuttaa viinin lämpötilaan. Sitä paitsi sor-menjäljet lasissa vaikeuttavat viinin värin arviointia.

Tarkista väri

Viinin väristä näkee viinin iän. Kallista lasia ja tutki viinin nestepinnan reunan väriä. Nuoret valkoviinit ovat täysin läpinäkyviä tai vivahtavat toi-sinaan vihreään. Vanhemman viinin väri tummuu ja alkaa vivahtaa meripihkaan.

Nuorissa punaviineissä neste-pinnan reuna on sinertävän punainen, kypsemmissä taas tiilenpunainen tai ruskeaan viittaava oranssi.

Pyörittele

Pane viini liikkeeseen pyörit-telemällä sitä lasissa. Näin vii-nin pinta-ala kasvaa, viini "hengittää" ja sen aromit va-pautuvat. Tuoksukokemuksesi korostuu.

SWIRL, SNIFF, SLURP AND RINSE, THEN SPIT OUT

Where?

Ideal conditions are an aired room with good lighting.

The glass

Use a generous, large, uncol-oured glass with a tulip-shaped bowl, a stem to hold the glass and a sturdy round foot for the glass to stand on. To minimise the chance of spill-age during swirling, never fill the glass more than a third full.

How?

Hold the glass by the stem, never by the bowl since this will affect the temperature of the wine. Not only that, finger-prints will spoil your colour ex-perience of the wine.

Check the colour

The colour of a wine indicates its age. Tilt the glass and study the colours of the wine at the rim. Young white wines are clear like water, sometimes with a glimmer of pale green. Mature whites take on a dark-er hue, tending towards amber.

Young reds have a bluish tinge at the rim, whilst mature reds vary from brick red to brown-orange.

Swirl

Agitate the wine by swirling the glass to increase its surface area. The aroma then collects in the bowl of the glass to give a more intense aroma experi-ence.

PORKALA
*Porkala fyr, 59 52,1'N 24 18,4'E,
ligger c. tre timmars båtfärd
från Helsingfors. Vid resa från
Helsingfors ser man fyren på
styrbords sida på en enslig
plats. Dess höjd är 21,4 meter
över havsytan. När man när-
mar sig fyren möts man av sä-
lar på strandklipporna. På bil-
den syns simmande sälar.*

PORKKALA
*Porkkalan majakka, 59 52,1'N
24 18,4'E, sijaitsee noin kolmen
tunnin laivamatkan päässä
Helsingistä. Helsingistä läh-
dettäessä se näkyy laivan oi-
kealla puolella yksinäisellä
paikalla. Sen korkeus meren-
pinnasta on 21,4 metriä. Ma-
jakkaa lähestyttäessä tulevat
rantakallioilla asuvat hylkeet
kulkijaa vastuun. Kuvassa nä-
kyvät uivien hylkeiden päät.*

PORKKALA
*Porkkala lighthouse, 59 52.1'N
24 18.4'E, is some 3 hours from
Helsinki by ship. It can be seen
located in an isolated spot on
the starboard side when sail-
ing from Helsinki. The light-
house rises to a height of 21.4
metres above sea level. The grey
seals living on the rocky out-
crops greet visitors approach-
ing the lighthouse. This photo
shows the heads of swimming
seals.*

Sniffa

Sätt ner näsan i glaset och sniffa genom att dra luften snabbt fram och tillbaka genom näsan. (precis som våra hundar). Doften avslöjar ofta druvsorten eller druvblandningen. Om vinet är ungt, eller moget. Pepprigt, kryddigt, med rostad fatkaraktär eller med öppen bärkaraktär. Doften avslöjar mer om vinet än själva smaken. Ofta förknippar man doftupplevelsen med en minnesbild. "Det luktar nyvässade blyertspennor," Cederträ och svarta vinbärstoner, tyder på röd Bordeaux).

Sörpla

Dra in luft samtidigt med vinet då du smakar på det. Det låter ouppfostrat men syresättningen av vinet ökar smakupplevelsen. Låt vinet rulla runt i munhålan och penetrera smaklökarna.

Spotta

Efter att du smakat färdigt så spottar du ut vinet i en hög plastmugg. Provar du många viner och sväljer allt, påverkas din koncentration genom alkoholen. Spotta kan ersättas med svälj om du bara provar ett fåtal viner och då i samband med mat. För hela idén med vin är ju att njuta det med en välsmakande måltid och goda vänner.

Nuuhki

Työnnä nenäsi lasiin ja hengitä nopeasti sisään ja ulos nenäsi kautta (koirien tapaan!). Viinin tuoksusta voit usein päätellä rypälelajikkeen tai -sekoituksen lisäksi viinin kypsyysasteen ja luonteen (pippurinen, mausteinen, paahteinen tai marjainen). Viinin tuoksusta voi päätellä enemmän kuin itse mausta. Tuoksu yhdistyy kokemuksissamme usein muistikuviin: "tuoksuu juuri teroitetulta lyijykynältä". Esim. setripuun ja mustaviinimarjan tuoksu viittaavat punaiseen bordeauxviiniin.

Ryystä

Kun maistat viiniä, vedä suuhusi myös ilmaa. Se saattaa kuulostaa sivistymättömältä, mutta viinin happipitoisuus tehostaa makunautintoa. Anna viinin kiertää suussasi ja tunkeutua makunystyröihisi.

Sylje

Kun olet lopettanut viinin maistelun, sylje se korkeaan muovimukiin. Jos maistelet useita eri viinejä ja nielet kaiken, alkoholi vaikuttaa keskittymiskykyysi. Voit sylkemisen sijasta niellä, jos maistelet vain muutamaa viiniä ruoan kanssa. Viinistähän pitää nauttia hyvän ruoan kanssa hyvien ystävien seurassa!

Sniff

Put your nose to the glass and sniff to quickly inhale the smell. The aroma or, if a wine is aged, the bouquet often indicates the variety or blend of grape. Whether a wine is young or mature, peppery, spicy, with notes of a toasted barrel or open berries. The aroma often reveals more about the wine than the taste. People often associate the aroma experience with a recollection. "This smells like freshly sharpened pencil," Cedar and blackcurranty notes indicates a red Bordeaux.

Slurp and rinse

Take in some air over your mouthful of wine. Although this may seem uncivilised, the acidity of the wine increases the taste experience. Rinse the wine around your mouth.

Spit out

After you've finished tasting the wine, spit it out in a high plastic mug. If you taste many wines and swallow each one, the alcohol will affect your concentration. You can swallow the wine rather than spitting it out if you taste only a few wines, and with food. The whole idea of wine is to drink it with a delicious meal in the company of good friends.

PORKALA

Ljusen i Porkala fyr tändes i december 1920. År 1922 installerades i tornet ett större fyrhus som flyttats från Hogland. Fyrens ljussystem drevs ursprungligen med acetylengas, men senare med elektricitet. Ljuseffekten har numera sänkts, men ljuset från fyren syns fortfarande bra till passagerarfartygens furled.

PORKKALA

Porkkalan majakan valo sytytettiin joulukuussa 1920. Vuonna 1922 sen torniin asennettiin Suursaaresta siirretty isompi loistokoju. Majakan valolaitteisto toimi aluksi asetyleenikaasulla, mutta se muutettiin myöhemmin sähkökäyttöiseksi. Valontehoa on nyt vähennetty, mutta majakan valo näkyy edelleen hyvin matkustajalaivojen reitille.

PORKKALA

The lamp of Porkkala lighthouse was lit in December 1920. In 1922, a larger lantern from Suursaari lighthouse was installed in Porkkala. Initially, the lamp was powered by acetylene, but was later converted to electricity. Although the candlepower is now smaller, the lighthouse beacon is still visible on passenger ship routes.

67

HUMMERSALLAD MED SÅS PÅ VALNÖTSOLJA

4 portioner

2 kokta humrar à 250–350 g, även frysta går bra
100 g haricots verts, färska
1 bifftomat
16 gröna sparrisar
färska örter
4 cl valnötsolja
4 cl solrosolja
2 äggulor
salt och vitpeppar från kvarn

Klyv hummern i halvor samt knäck klorna, ta till vara köttet.

Blanchera haricots verts och sparris i kokande vatten och kyl i isvatten för att avstanna kokningen samt för att bevara den vackra gröna färgen. Skär bönorna i 1 cm långa bitar. Skär sparrisen i bitar. Ta bort tomatfästet och skär ett kryss i toppen på tomaten. Doppa den i kokande vatten en stund och kyl i isvattnet. Dra skalet av tomaten, skär den diagonalt samt pressa bort kärnorna. Skär tomatköttet i 1 cm stora tärningar. Blanda alla ingredienser, smaka av med salt och peppar. Lägg upp salladen på tallrik med hjälp av en utstickare.

Till såsen mixas äggulorna i mixer så att oljan tillsätts lite i gången i en fin stråle. Smaka av med salt och nymalen peppar. Om såsen blir för tjock kan kallt vatten tillsättas.

Vänd hummerköttet i lite av såsen och lägg upp dessa på salladen. Ringla resterande sås runt tallriken och garnera med färska örter.

Vintips: *En klassisk vit Bourgogne eller Champagne är lämpliga förslag till denna lyxiga förrätt.*

Viinivinkki: *Tähän upeaan alkuruokaan sopii valkoinen burgundinviini tai samppanja.*

Wine suggestion: *A classic white Bourgogne or Champagne are perfect with this luxurious starter.*

HUMMERISALAATTIA SAKSANPÄHKINÄÖLJY-KASTIKKEESSA

4 annosta

2 keitettyä hummeria à 250–350 g (myös pakastehummerit käyvät)
100 g tuoreita vihreitä papuja
1 pihvitomaatti
16 vihreää parsatankoa
tuoreita yrttejä
4 cl saksanpähkinäöljyä
4 cl auringonkukkaöljyä
2 munankeltuaista
suolaa ja valkopippuria myllystä

Halkaise hummerit ja irrota sakset. Ota liha talteen.

Kiehauta vihreät pavut ja parsa kiehuvassa vedessä. Jäähdytä ne jäävedessä (papujen kaunis väri säilyy ja kiehuminen lakkaa). Leikkaa pavut 1 cm:n paloiksi. Paloittele parsa. Poista tomaatista kanta ja leikkaa tomaatin päälle ristinmuotoinen viilto. Kasta tomaatti hetkeksi kiehuvaan veteen ja jäähdytä jäävedessä. Kuori tomaatti, leikkaa se viistosti ja poista siemenet. Leikkaa tomaatinliha 1 cm:n kuutioiksi. Sekoita kaikki ainekset ja mausta suolalla ja pippurilla. Asettele salaatti lautaselle muotin avulla.

Valmista kastike vatkaamalla keltuaiset tehosekoittimessa ja lisää samalla öljy ohuena norona vähän kerrallaan. Mausta suolalla ja vastajauhetulla pippurilla. Jos kastikkeesta tulee liian paksua, voit lisätä siihen kylmää vettä.

Kääntele hummerinpaloja kastiketilkassa ja asettele ne salaatin päälle. Pirskota loppu kastike ympäri lautasta ja koristele tuoreilla yrteillä.

LOBSTER SALAD WITH WALNUT OIL SAUCE

Serves 4

2 cooked lobsters à 250–350 g, frozen ones will also do
100 g fresh haricots verts
1 beef tomato
16 green asparagus stalks
fresh herbs
4 cl walnut oil
4 cl sunflower oil
2 egg yolks
freshly ground salt and white pepper

Split the lobsters in half, break the claws and save the flesh.

Blanch the haricots verts and asparagus stalks in boiling water and cool in ice water so that they retain their beautiful green colour and stop cooking. Slice the beans into pieces about 1 cm long. Cut the asparagus into pieces. Remove the stalk and score a cross in the top of the tomato. Dip the tomato briefly in boiling water and cool in ice water. Skin the tomato, slice diagonally and push out the pips. Dice the tomato into cubes of about 1 cm. Blend the ingredients together and season with salt and pepper. Use a biscuit cutter to arrange the salad on plates.

To make the sauce, beat the egg yolks in a mixer and gently trickle in the oil. Season with salt and freshly ground pepper to taste. If the sauce is too thick, add cold water.

Turn the lobster in a little of the sauce and place on top of the salad. Drizzle the rest of the sauce around the plate and garnish with fresh herbs.

NYÅRSMENY

TOURNEDOS MED GÅSLEVER, TRYFFEL OCH MADEIRASÅS

4 portioner

160 g oxfilé/person
2 dl kalvfond
1 dl Madeira
2 msk osaltat smör
80 g gåsleverpastej
10 g tryffel
8 droppar tryffelolja
4 skivor rostat bröd

Krydda oxfilén med salt och peppar och bryn den i smör i stekpanna. Stek klar i ugn till önskad stekgrad. Låt köttet vila i folie. Spara skyn till såsen. Koka upp kalvfonden, stekskyn och tillsätt Madeiran. Låt koka tills 2 dl återstår och vispa sedan ner smöret. Smaka av med salt och peppar. Ta en tallrik och lägg upp oxfilén på en skiva rostat bröd, garnera med en tunn skiva tryffel och ett par droppar tryffelolja. Ringla såsen över och servera med grönsaker, gåsleverpastej och smördegsinbakad potatis.

Smördegsinbakad potatis:
125 g smördeg/ person
1 skivad potatis/ person
salt, peppar, timjan
1 ägg
lite grädde
portionsformar i folie
Smöra formen, kavla ut smördegen tunt och klä formen. Spara ca hälften av degen till locket. Krydda potatisskivorna med salt, peppar och finhackad timjan samt låt eventuell vätska rinna av. Varva potatisen i formen och lägg på locket samt vik ihop kanterna. Pensla med det uppvispade ägget och grädda i 200 graders ugn ca 45 minuter eller tills potatisen känns mjuk. Gör ett litet hål i locket och häll i en skvätt grädde, låt dra en stund och servera.

Vintips: *En härlig matklassiker som kräver ett klassiskt vinsällskap. Korka upp en flaska fin årgångsbordeaux och njut. Öppna och dekantera gärna flaskan någon timme före måltiden. Även Cabernet Sauvignon från nya världen fungerar bra.*

Viinivinkki: *Tämän herkkuklassikon kanssa on ehdottomasti juotava klassikkoviiniä. Korkkaa pullo hienoa vuosikerta-bordeaux'ta ja nauti. Avaa pullo ja dekantoi viini muutama tunti ennen ateriaa. Myös uuden maailman Cabernet Sauvignon -viinit sopivat hyvin.*

Wine suggestion: *A delightfully classic dish calls for a classic wine to go with it. Open a bottle of decent vintage Bordeaux. Preferably open and decant the bottle a few hours beforehand, A Cabernet Sauvignon from the New World is also a viable choice.*

UUDENVUODEN MENYY

TOURNEDOS HANHEN MAKSAN, TRYFFELIN JA MADEIRAKASTIKKEEN KERA

4 annosta

160 g naudanfileetä/henkilö
2 dl vasikanfondia
1 dl madeiraa
2 rkl suolatonta voita
80 g hanhenmaksapasteijaa
10 g tryffeliä
8 pisaraa tryffeliöljyä
4 viipaletta paahdettua leipää

Mausta häränfileet suolalla ja valkopippurilla ja ruskista ne voissa paistinpannulla. Paista fileet uunissa haluttuun kypsyysasteeseen. Anna lihan vetäytyä foliossa. Kiehauta vasikanfondi ja paistoliemi. Lisää madeira. Keitä kokoon, kunnes nestettä on jäljellä 2 dl. Vatkaa voi sekaan. Mausta suolalla ja pippurilla. Asettele häränfilee lautaselle paahtoleipäviipaleen päälle. Koristele ohuella tryffeliviipaleella ja muutamalla pisaralla tryffeliöljyä. Pirskottele päälle kastiketta. Tarjoile lisäkkeinä vihanneksia, hanhenmaksapasteijaa ja uuniperunoita voitaikinakuoressa.

Perunat voitaikinakuoressa:
125 g voitaikinaa/henkilö
1 viipaloitu peruna/henkilö
suolaa, pippuria ja timjamia
1 muna
tilkka kermaa
annosvuokia (foliota)
Voitele vuoka. Kaaviloi voitaikina ohueksi levyksi ja vuoraa vuoka taikinalla. Säästä noin puolet taikinasta kanneksi. Mausta perunaviipaleet suolalla, pippurilla ja timjamisilpulla. Mikäli nestettä on syntynyt, valuta se pois. Lado perunaviipaleet kerroksittain vuokaan. Peitä taikinakannella ja taita kulmat yhteen. Voitele paistoksen pintaan vatkatulla munalla. Paista 200-asteisessa uunissa noin 45 minuuttia tai kunnes perunat tuntuvat tikulla koetettaessa pehmeiltä. Pistä paistoksen kanteen pieni reikä ja kaada siitä tilkka kermaa. Anna vetäytyä hetki ja tarjoile.

NEW YEAR'S MENU

TOURNEDOS WITH GOOSE LIVER, TRUFFLE AND MADEIRA SAUCE

Serves 4

160 g fillet of beef per person
2 dl veal stock
1 dl Madeira
2 tbsp unsalted butter
80 g goose liver pâté
10 g truffle
8 drops truffle oil
4 slices toast

Season the fillets of beef with salt and pepper and brown in butter in a frying pan. Cook as desired in the oven. Leave the meat to rest in aluminium foil.
Bring the veal stock and remaining meat juice to the boil. Add the Madeira. Reduce to 2 dl and whisk in the butter. Season with salt and pepper to taste. Put the fillets onto plates with a slice of toast garnished with a thin slice of truffle and a couple of drops of truffle oil. Dribble the sauce over and serve with vegetables and potatoes en croute.

Potatoes en croute:
125 g puff pastry per person
1 sliced potato per person
salt, pepper, thyme
1 egg
dash of cream
individual aluminium foil moulds
Grease the moulds. Roll the pastry until thin and line the moulds. Save half of the pastry for the tops. Season the potato slices with salt, pepper and finely chopped thyme. Drain any liquid off. Layer the potato in the moulds. Put the tops on and fold the edges together. Brush with beaten egg and bake in a 200°C oven for about 45 minutes or until the potato feels soft. Make a small hole in the pastry top and pour in a dash of cream. Leave to rest a while and serve.

LIMESABAYONNE-GRATINERADE EXOTISKA FRUKTER

4 portioner

Färska exotiska frukter skurna i bitar såsom t ex:
ananas
mango
plommon
passionsfrukt
nektariner

Lägg alla ingredienser på fat eller tallrikar.

Sabayonnesås:
4 äggulor
150 g socker
2 dl vitt vin
4 limeblad
1 dl citronsaft

Lägg äggulor och socker i rostfri bunke, koka upp vatten i en kastrull som rymmer bunken. Sjud upp vin, limeblad och citronsaft och sila över äggulorna under vispning.

Sätt bunken i vattenbadet och vispa blandningen luftig och skummig. Vispa tills såsen uppnått ca 60 grader. Ta bort bunken och fortsätt vispa tills den svalnat något. Fördela såsen över frukten och gratinera under grillelement i ugn tills en vacker färg erhållits. Garnera gärna med färska eller frysta bär.

Servera omedelbart med t.ex. mandelkex eller glass.

Vintips: *Rätten innehåller såväl syra som sötma och samma krävs även av vinet. Vinvalet är något beroende av hur söta dom exotiska frukterna är. Tyska dessertviner Eiswein eller Beerenauslese är ett bra val. Om sötman i maten dominerar så är även Late Harvest vinerna från lite varmare länder ett gott alternativ. Helst skall druvan då vara av en syrligare typ, t.ex. Riesling eller Sauvignon Blanc.*

Viinivinkki: *Tämän annoksen maut vaihtelevat happamesta makeaan, ja viiniltä vaaditaan samaa. Viinin valinta riippuu siitä, miten makeita eksoottiset hedelmät ovat. Saksalaiset Eiswein- tai Beerenauslese-jälkiruokaviinit käyvät hyvin. Jos annos on pikemminkin makea, myös hiukan lämpimämpien maiden Late Harvest -viinit ovat hyviä vaihtoehtoja. Rypälelajikkeen olisi mieluiten oltava happamemmasta päästä, esim. Riesling tai Sauvignon Blanc.*

Wine suggestion: *This dish contains both acidity and sweetness, which are also expected of the wine. The choice of wine depends somewhat on how sweet the exotic fruits are. German dessert wines such as Ice Wine or Beerenauslese are a good choice. If the sweetness predominates, Late Harvest wines from slightly warmer countries are a good alternative. The grapes should preferably be an acidic variety such as Riesling or Sauvignon Blanc.*

LIMETTISABAYONILLA KUORRUTETTUJA EKSOOTTISIA HEDELMIÄ

4 annosta

Tuoreita eksoottisia hedelmiä kuutioina ja siivuina kuten, ananasta, mangoa, luumua, passionhedelmää ja nektariinia lautasille tai kulhoihin aseteltuina.

Sabayonkastike:
4 keltuaista
150 g sokeria
2 dl valkoviiniä
4 kpl limetinlehtiä
1 dl sitruunan mehua

Laita keltuaiset ja sokeri kuumaan ja kestävään kulhoon. Pane vettä kiehumaan liedelle vesihauteeksi.

Kiehauta valkoviini, limetinlehdet ja sitruunanmehu ja siivilöi liemi keltuaisten päälle. Pane kulho vesihauteeseen ja vatkaa seosta kunnes se on kuohkeaa ja kypsää. Ota kulho pois hauteesta ja vatkaa vielä hetki jotta seos jäähtyy hieman.

Annostele lämmin sabayon hedelmien päälle. Kuorruta hedelmiä hetki uunissa grillivastuksen alla. Tarjoile välittömästi.

Lisukkeena voit tarjoilla esimerkiksi mantelikeksejä tai jäätelöä.

LIME SABAYON GRATINATED EXOTIC FRUITS

Serves 4

Fresh exotic fruits, such as those below, cut into pieces:
pineapple
mango
plums
passion fruit
nectarines

Put all the ingredients in a bowl or onto plates.

Sabayon sauce:
4 egg yolks
150 g sugar
2 dl white wine
4 lime leaves
1 dl lemon juice

Put the egg yolks and sugar into a stainless steel bowl. Heat up some water in a saucepan big enough to put the bowl in. Boil up the wine, lime leaves and lemon juice and strain over the egg yolks, whisking throughout.

Put the bowl into the saucepan and whisk the mixture until light and frothy. Whisk until the sauce is about 60°C. Remove the bowl and continue whisking until the mixture has cooled somewhat. Pour the sauce over the fruit and gratin to a golden brown under the grill. Decorate with fresh or frozen berries.

Serve immediately with almond biscuits or ice cream, for example.

CHOKLADBRICKA, LJUMMEN CHOKLAD-BAKELSE MED APRIKOSFYLLNING

15 portioner

Bakelse:
300 g smör
300 g mjöl
300 g socker
230 g ägg
280 g mörk choklad, Valrhona guanaja grand cru
Smält smöret och chokladen och blanda med sockret. Rör i äggen en i sänder och blanda i mjölet. Fyll smeten i portionsformar.

Chokladtryffel:
300 g choklad Valrhona pur caraibe, hackad
180 g aprikospure
30 g Bols peachlikör
5 g rivet citronskal
80 g socker
100 g smör
15 g havssalt
Koka ihop aprikospuré, likör, socker, citronskal och havssalt. Häll den över chokladen och blanda väl. Rör i det rumstempererade smöret. Ställ tryffeln i frysen ett tag så den stelnar. Gör hasselnötsstora kulor av tryffeln och tryck ner dom i bakelserna och täck över med smeten. Grädda i 160 graders ugn i 8 minuter. Värm bakelserna i mikrovågsugn vid servering.

Chokladsås:
400 g socker
600 g grädde
20 g cacao Valrhona
50 g smör, rumstempererat
1 vaniljstång
Bränn sockret till en mörk karamell, tillsätt grädde, vaniljstång och cacao. Koka till 106 grader och rör i smöret.

Receptet fortsätter på sidan 82.

Guest chef, Gert Klötzke

Vintips: *Choklad ställer så pass höga krav på vinvalet att det egentligen inte finns så många att välja bland. I Sydfranska Banyuls produceras starkviner som passar utmärkt till chokladrätter.*

Viinivinkki: *Suklaan maku asettaa erityisvaatimuksia viinille, joten vaihtoehtoja ei ole monta. Eteläranskalaisen Banyulsin alueen voimakkaan makuiset viinit sopivat erinomaisesti suklaaruokiin.*

Wine suggestion: *Chocolate imposes such high demands on choice of wine, there are really very few wines to choose from. Banyuls from the South of France is one of the few such wines that goes well with chocolate dishes.*

SUKLAATARJOTIN, LÄMMIN APRIKOOSILLA TÄYTETTY SUKLAALEIVOS

15 annosta

Leivos:
300 g voita
300 g jauhoja
300 g sokeria
230 g munia
280 g tummaa Valrhona Guanaja Grand Cru -suklaata
Sulata voi, sekoita siihen sulatettu suklaa ja sokeri sekä lisää munat yksitellen. Lisää jauhot ja sekoita. Täytä annosvuoat taikinalla.

Tryffeli:
300 g Valrhona Pur Caraïbe -suklaata
180 g aprikoosisosetta
30 g Bols Peach -likööriä
5 g raastettua sitruunankuorta
80 g sokeria
100 g voita
15 g merisuolaa
Kiehauta aprikoosisose, likööri ja sokeri. Rouhi suklaa, lisää aprikoosiseos ja sekoita tasaiseksi. Lisää huoneenlämpöinen voi samalla sekoittaen. Pane seos hetkeksi kylmään jähmettymään. Tee tryffeliseoksesta noin hasselpähkinän kokoisia palloja. Painele tryffelipallot annosvuokiin ja peitä taikinalla. Paista 8 minuuttia 160-asteisessa uunissa, ota uunista ja jäähdytä nopeasti. Lämmitä suklaaleivokset mikrossa ennen tarjoilua.

Suklaa-karamellikastike:
400 g sokeria
600 g kermaa
20 g Valrhona-kaakaojauhetta
50 g voita
1 vaniljatanko
Paahda sokeri tummaksi karamelliksi. Lisää kerma, vaniljatanko ja kaakaojauhe. Keitä noin 106-asteiseksi ja viimeistele voilla.

Resepti jatkuu sivulla 82.

CHOCOLATE TRAY, WARM CHOCOLATE CAKE WITH APRICOT FILLING

Serves 15

Cake:
300 g butter
300 g flour
300 g sugar
230 g egg
280 g dark chocolate, Valrhona Guanaja Grand Cru
Melt the butter and add the sugar and melted chocolate. Add the eggs one at a time. Then blend in the flour. Pour the mixture into single-portion moulds.

Truffle:
300 g chocolate Valrhona Pur Caraïbe
180 g apricot purée
30 g Bols peach
5 g zest of lemon
80 g sugar
100 g butter at room temperature
15 g sea salt
Bring the purée, liqueur and sugar to the boil. Pour over the chopped chocolate and stir until smooth. Stir in the butter at room temperature. Place in the freezer a while to set. Roll the truffle mixture into balls about the size of hazelnuts and press them into the brownie mixture, cover and bake for 8 minutes in a 160°C oven. Remove and cool quickly. Microwave the brownies before serving.

Chocolate cola sauce:
400 g sugar
600 g cream
20 g cocoa Valrhona
50 g butter
1 vanilla pod
Burn the sugar to a dark caramel. Pour the cream, vanilla pod and cocoa on top. Heat to about 106°C. Add the butter to glaze.

Continued on page 82.

KUNGSKRABBA MED MARINERADE PILGRIMS-MUSSLOR OCH KARIBISK SALSA

8 portioner

Krabbterrin:
1½–2 kg rensad kungskrabba
1 l fiskbuljong
1 tsk saffran
15 gelatinblad
4 msk hackad dill
Dra isär köttet av krabban i stora bitar. Koka upp fiskbuljongen med saffran. Smält gelatinet i buljongen och tillsätt den hackade dillen. Klä en terrinform med plast. Doppa krabbitarna i gelén och lägg dem i formen. Ställ under press och låt kallna under natten.

Marinerade pilgrimsmusslor:
8 pilgrimsmusslor
lite matolja till grillning
korianderblad till garnering

Vinägrett:
rivet skal och saften av 2 apelsiner
rivet skal och saften av 2 lime
1 tsk finhackad färsk ingefära
2 tunt skivade vitlöksklyftor
4 strimlade vårlökar
75 g kokta svarta bönor
2 skalade, urkärnade och tärnade plommontomater
4 msk chiliolja
1 grön tunt skivad jalapeño
1 krm rökt paprika
4 korianderstjälkar
Blanda ihop alla ingredienserna till vinägretten. Lägg sedan ned musslorna i vinägretten och marinera i kylen ca 4 timmar. Pensla en grillpanna med lite olja och grilla musslorna. Lägg upp dom på ett serveringsfat. Tag upp korianderstjälkarna och grönsakerna från vinägretten. Lägg sedan grönsakerna på musslorna, ringla över lite vinägrett och dekorera med koriander.

Receptet fortsätter på sidan 82.

Vintips: *En rätt med flera olika smaker ställer krav på vinvalet. Pröva gärna Sauvignon Blanc eller viner från Alsace.*

Viinivinkki: *Tässä annoksessa on monia eri makuja, joten viini on valittava huolellisesti. Kokeile Sauvignon Blancia tai Alsacen viinejä.*

Wine suggestion: *A dish with several different tastes requires a careful choice of wine. We recommend a Sauvignon Blanc or wines from Alsace.*

KUNINGASRAPUA, MARINOITUJA KAMPA-SIMPUKOITA JA KARIBIAN-SALSAA

8 annosta

Raputerriini:
1½–2 kg puhdistettua kuningasrapua
1 l kalalientä
1 tl sahramia
15 liivatelehteä
4 rkl tillisilppua
Erottele ravunliha suuriksi paloiksi. Kiehauta kalaliemi ja sahrami. Sulata liotetut liivatelehdet liemeen ja lisää tillisilppu. Vuoraa terriinivuoka muovikelmulla. Kasta rapupalat liivateseokseen ja lado ne vuokaan. Pane painon alle ja anna hyytyä yön yli.

Marinoidut kampasimpukat:
8 kampasimpukkaa
tilkka ruokaöljyä grillaukseen
korianterinlehtiä koristeeksi

Vinegretti:
2 appelsiinin raastettu kuori ja mehu
2 limetin raastettu kuori ja mehu
1 tl hienonnettua tuoretta inkivääriä
2 valkosipulinkynttä ohuina viipaleina
4 suikaloitua kevätsipulia
75 g keitettyjä mustapapuja
2 kuorittua ja kuutioiksi leikattua luumutomaattia (poista siemenet)
4 rkl chiliöljyä
1 ohuiksi viipaleiksi leikattu vihreä jalapeñopaprika
1 maustemitta savustettua paprikaa
4 korianterinvartta
Sekoita kaikki mausteet vinegretiksi. Pane simpukat vinegrettiin ja anna maustua viileässä noin 4 tuntia. Sivele grillipannuun tilkka öljyä ja grillaa simpukat. Asettele simpukat tarjoiluvadille. Nosta korianterinvarret ja vihannekset vinegretistä. Asettele vihannekset simpukoiden päälle, pirskota päälle hiukan vinegrettiä ja koristele korianterilla.

Resepti jatkuu sivulla 82.

KING CRAB WITH MARINATED SCALLOPS AND CARIBBEAN SALSA

Serves 8

Crab terrine:
1½–2 kg king crab, cleaned
1 l fish stock
1 tsp saffron
15 gelatine leaves
4 tbsp chopped dill
Remove the crabmeat in large chunks. Bring the fish stock and saffron to the boil. Dissolve the gelatine in the stock and add the chopped dill. Line a dish with cling foil. Dip the pieces of crab into the jelly and place in the dish. Put under a press and leave in a cold place overnight.

Marinated scallops:
8 scallops
a little cooking fat for grilling
coriander leaves for garnish

Vinaigrette:
zest and juice of 2 oranges
zest and juice of 2 limes
1 tsp fresh ginger, finely chopped
2 garlic cloves, thinly sliced
4 spring onions, cut into strips
75 g cooked black beans
2 plum tomatoes, peeled, hollowed out and diced
4 tbsp chilli oil
1 green jalapeño, thinly sliced
½ ml smoked paprika
4 coriander stems

Mix all the ingredients together to make the vinaigrette. Marinate the scallops in the vinaigrette for about 4 hours in a cool place. Remove the scallops. Brush a grill pan with a little oil and grill the scallops. Place the scallops on a serving plate. Remove the coriander stems and vegetables from the vinaigrette. Then place the vegetables on top of the scallops. Drizzle a little vinaigrette over and garnish with coriander.

Continued on page 82.

Guest chef, Gert Klötzke

TERRIN PÅ ÅLÄNDSK KASTELHOLMOST OCH ÖRTER MED RÖDBETS-OLJA OCH SVART-BRÖDSKRUTONGER

300 g färsk spenat
½ liter färsk basilika och per-silja
400 g Philadelphia eller annan naturell färskost
4 gelatinblad
250–300 g Kastelholmost eller Västerbottenost

Lägg ett stort stycke plastfolie i en liten avlång form, så att fo-lien hänger utanför formen. Blanchera spenaten hastigt i vatten och klä sedan formen med bladen.

Kör örterna i matberedare el-ler mixer med lite av färskos-ten. Tillsätt resten av osten och mixa allt till fin grön färg.

Blötlägg gelatinbladen 5 minu-ter i kallt vatten. Smält gelati-net i lite av ostmassan och rör ner i den gröna ostmassan.

Skär hårdosten i skivor. Bottna den spenatklädda formen med ett lager färskost. Lägg sedan på ett lager skivad hårdost. Varva vidare med färskost och ostskivor och lägg ostskivor överst.

Vik över plastfilmen och låt formen stå kallt under press.

Rödbetsolja:
1 kg färska rödbetor
1 dl olivolja
1 tsk rödvinsvinäger
salt

Tvätta rödbetorna noga. Skär dem i mindre bitar. Lägg i en kastrull och täck med vatten. Koka tills rödbetorna är helt mjuka och du fått ut maximalt med smak. Sila och koka ihop vätskan till sirapskonsistens. Mixa i oljan och smaksätt med vinäger och salt.

AHVENANMAALAINEN KASTELHOLMAJUUSTO-YRTTITERRIINI PUNA-JUURIÖLJYN JA MUSTA-LEIPÄKRUTONKIEN KERA

300 g tuoretta pinaattia
½ l tuoretta basilikaa ja persil-jaa
400 g Philadelphia-juustoa tai muuta maustamatonta tuore-juustoa
4 liivatelehteä
250–300 g Kastelholm- tai Tu-runmaa-juustoa

Vuoraa pieni pitkulainen vuo-ka muovikelmulla niin, että kelmun reunat yltävät vuoan reunojen yli. Kiehauta pinaatti nopeasti vedessä. Lado lehdet vuokaan.

Soseuta yrtit ja nokare tuore-juustoa yleiskoneella tai sau-vasekoittimella. Lisää loppu juusto ja soseuta seos kauniin vihreäksi.

Liota liivatelehtiä kylmässä ve-dessä 5 minuuttia. Sulata liiva-telehdet kiehuvaan vesitilk-kaan ja lisää vihreään juusto-seokseen samalla sekoittaen.

Viipaloi kova juusto. Pane pinaa-tilla vuorattuun vuokaan kerros tuorejuustoa. Lisää seuraavaksi kerros kovajuustoviipaleita. Li-sää tuorejuustoa ja juustoviipa-leita kerroksittain (päällimmäi-siksi juustoviipaleita).

Taita muovikelmu vuoan yli ja pane vuoka kylmään painon alle.

Punajuuriöljy:
1 kg tuoreita punajuuria
1 dl oliiviöljyä
1 tl punaviinietikkaa
suolaa

Pese punajuuret huolellisesti ja paloittele ne pienemmiksi. Pane punajuuripalat kattilaan ja pei-tä vedellä. Keitä pehmeiksi, kunnes niiden maku on vahvim-millaan. Siivilöi. Keitä neste ko-koon siirapin paksuiseksi. Lisää öljy sekoittaen sauvasekoitti-mella ja mausta viinietikalla sekä suolalla.

TERRINE OF ÅLAND KASTELHOLM CHEESE AND HERBS WITH BEETROOT OIL AND DARK BREAD CROUTONS

300 g fresh spinach
½ litre fresh basil and parsley
400 g Philadelphia or another natural unripened cheese
4 gelatine leaves
250-300 g Kastelholm or Väs-terbotten cheese

Place a large piece of cling film in a small oblong dish so that the film hangs over the edges. Blanch the spinach quickly in water and then line the dish with the spinach leaves.

Put the herbs into a food proc-essor with a little of the unrip-ened cheese. Add the rest of the cheese and blend everything until it turns a nice green.

Soak the gelatine leaves for at least 5 minutes in cold water. Dissolve the gelatine in a little of the cheese mix and stir into the green cheese mixture.

Slice the hard cheese. Line the bottom of the dish containing the spinach with a layer of un-ripened cheese. Then put a lay-er of the hard cheese slices on top. Repeat and then put slices of cheese on the top.

Fold the cling film over it and leave to stand in a cold place under weight.

Beetroot oil:
1 kg fresh beetroot
1 dl olive oil
1 tsp red wine vinegar
salt

Thoroughly wash the beetroot. Cut into smaller pieces. Put in a saucepan and cover with wa-ter. Cook until the beetroot are soft and taste their best. Strain and reduce the water to a syr-up consistency. Add the oil and season with vinegar and salt.

LÄTTRÖKT LAMMFILÉ SERVERAD MED SVARTVINBÄRSSÅS

4 portioner

600 g lammfilé
salt och timjan

Putsa lammfilén och rulla in den i kryddorna. Låt dra in ca en timme. Rök på svag värme i 10 minuter i rökeri. Vid servering kör klart i 150 graders ugn.

Revbensspjäll:
100 g lammrevben/portion
20 g honung
salt
Koka revbenen i saltat vatten tills benen lossnar lätt. Låt kallna och skär sedan i lämpliga bitar. Honungsglasera i panna innan servering.

Potatiskaka:
4 stora potatisar
100 g getost
smör
salt och peppar
Skala och skiva potatisen mycket tunt. Smöra ett bakplåtspapper och lägg potatisskivorna omlott ovanpå. Grädda i 150 graders ugn tills potatisen har mjuknat. Mosa osten över potatisen. Salta och peppra. Lyft sedan försiktigt bakplåtspappret i ena kortändan och rulla ihop potatisen som en rulltårta. För sedan rullen över på ett dubbelvikt ark av aluminiumfolie och rulla ihop. Spänn åt ordentligt och stick några hål i folien för att få ut överflödig vätska. Vrid åt ytterligare och stick fler hål. Upprepa proceduren tills all vätska är ute. Ställ kallt. Skär i bitar om ca 2 cm med folien kvar. Ta bort folien och bryn rullarna på snittytorna. Värm färdiga i 175 graders ugn.

Receptet fortsätter på sidan 82.

Vintips: Öl och snaps passar ofta bra till skärgårdsrätter. Till lammet kan det ändå vara värt att välja ett rött vin. Pröva gärna ett vin från Sydfrankrike, Rhone t.ex. Chateauneauf du Pape.

Viinivinkki: Olut ja snapsi ovat usein erinomaisia saaristolaisruokien kyytipoikia. Lampaan kanssa voi kuitenkin olla hyvä valita punaviiniä. Suosittelemme eteläranskalaisia Rhônen alueen viinejä (esim. Châteauneuf-du-Pape).

Wine suggestion: Beer and schnapps are often a good choice with archipelago dishes. A good red could be a good choice with the lamb. Try a wine from the South of France, a Rhone such as Châteauneuf du Pape.

KEVYESTI SAVUSTETTUA LAMPAANFILEETÄ MUSTAVIINIMARJAKASTIKKEEN KERA

4 annosta

600 g lampaanfileetä
suolaa ja timjamia
Puhdista lampaanfilee ja käntele se mausteissa. Anna vetäytyä noin tunti. Savusta miedolla lämmöllä 10 minuuttia savustuslaatikossa. Kypsennä lopuksi 150-asteisessa uunissa juuri ennen tarjoilua.

Paahtokylki:
100 g lampaan paahtokylkeä annosta kohti
20 g hunajaa
suolaa
Keitä paahtokylkeä suolatussa vedessä, kunnes luut irtoavat helposti. Anna jäähtyä ja leikkaa sitten sopivankokoisiksi paloiksi. Hunajaglaseeraa pannulla juuri ennen tarjoilua.

Perunapaistos:
4 isoa perunaa
100 g vuohenjuustoa
voita, suolaa ja pippuria
Kuori perunat ja leikkaa erittäin ohuiksi viipaleiksi. Voitele leivinpaperi ja lado perunaviipaleet limittäin sen päälle. Paista 150-asteisessa uunissa, kunnes perunaviipaleet ovat pehmenneet. Murenna vuohenjuusto perunoiden päälle. Mausta suolalla ja pippurilla. Nosta leivinpaperia varovaisesti sen jommastakummasta lyhyestä reunasta ja kääri perunat rullalle kääretortun tapaan. Siirrä perunarulla kaksinkerroin taitetun alumiinifolion päälle ja kääri se taas rullalle. Tee tiivis paketti ja pistä alumiinifolioon muutama reikä, jotta ylimääräinen neste pääsee valumaan ulos. Kiristä vielä uudemman kerran ja tee lisää reikiä. Toista, kunnes kaikki neste on valunut pois. Laita käärö jääkaappiin. Leikkaa noin 2 cm:n paksuisiksi viipaleiksi alumiinifoliota poistamatta. Poista folio vasta nyt ja ruskista perunaneliöt. Lämmitä valmiiksi 175-asteisessa uunissa.

Resepti jatkuu sivulla 82.

LIGHTLY SMOKED FILLET OF LAMB SERVED WITH BLACKCURRANT SAUCE

Serves 4

600 g fillet of lamb
salt and thyme

Clean the meat and roll it in the herbs. Leave for about an hour. Smoke gently in a smoker for about 10 minutes. Finish cooking in a 150°C oven.

Spareribs:
100 g lamb ribs/portion
20 g honey
salt
Cook the ribs in salted water until the meat comes away easily. Leave to cool and cut into suitable pieces. Glaze with the honey in a pan to serve.

Potato cake:
4 large potatoes
100 g goats' milk cheese
butter
salt and pepper
Peel and thinly slice the potatoes. Grease sheet of greaseproof paper and put the potatoes on top so that they overlap. Bake in a 150°C oven until the potato is soft. Sprinkle cheese over the potato. Salt and pepper. Carefully lift the greaseproof paper at the short end and roll the potato as for a Swiss roll. Then transfer the roll to a sheet of aluminium foil, folded double, and roll. Tighten properly and make a few holes in the foil to allow any excess liquid to escape. Tighten further and make more holes. Repeat until no liquid remains. Put in a cold place. Cut into pieces of approx. 2 cm in the foil. Remove the foil and brown the rolls on the cut surface. Finish cooking in a 175°C oven.

Continued on page 82.

Fortsättning från sidan 74.

Chokladtosca:
100 g socker
1 g pektin
2½ msk mjölk
35 g honung
80 g smör
100 g skalad och hackad mandel
10 g cacaopulver
Koka upp mjölk, honung och smör. Blanda ihop socker och pektin och rör i det. Koka till 106 grader, blanda i mandel och cacaopulver. Stryk sedan ut massan snabbt på en silpat. Lägg en silpat ovanpå och kavla ut tunt. Grädda i 180 graders ugn 15–17 minuter. Tryck med hjälp av stickare eller bryt bitar. Serveras med en kvarts färsk karamelliserad aprikos.

Fortsättning från sidan 76.

Karibisk salsa:
1 mango, skalad och skuren i ca ½ cm stora tärningar
50 g ananas i tärningar
1 avokado i tärningar
saften från två lime
½ dl apelsinjuice
2 msk hackad koriander
1 nypa socker
1 habanero chili, urkärnad och fint tärnad
4 strimlade vårlökar
salt och peppar
Lägg mango, ananas och avokado i en skål. Blanda ned limejuice, apelsinjuice, koriander, socker, chili och vårlök. Smaka av med salt och peppar. Täck över och låt stå i 30 minuter innan servering.

Fortsättning från sidan 80.

Svartvinbärssås:
½ liter mörk kalvfond
½ liter rödvin
2 cl sherryvinäger
1 dl farinsocker
150 g finhackad schalottenlök
3 dl svarta vinbär
maizena
smör
Fräs löken i lite smör. Tillsätt farinsocker och karamellisera något. Tillsätt svarta vinbär, fond och rödvin. Reducera till en kraftig smak. Smaka av med sherryvinäger, salt och peppar. Red av med maizena och sila.

Jatkoa sivulta 74.

Suklaatosca:
100 g sokeria
1 g pektiiniä
2½ rkl maitoa
35 g hunajaa
80 g voita
100 g kuorittua ja rouhittua mantelia
10 g kaakaojauhetta
Kiehauta maito, hunaja ja voi. Sekoita sokeri ja pektiini keskenään ja lisää ne seokseen samalla sekoittaen. Keitä 106-asteiseksi, sekoita mukaan mantelirouhe ja kaakaojauhe ja levitä nopeasti Silpat-liinalle. Levitä päälle toinen Silpat-liina ja kaaviloi ohueksi. Paista 180 asteessa 15–17 minuuttia. Painele toscasta muoteilla lastuja tai murra paloiksi. Tarjoile lisäkkeenä neljännes karamellisoitua aprikoosia.

Jatkoa sivulta 76.

Karibiansalsa:
1 kuorittu ja n. ½ cm:n suuruisiksi kuutioiksi leikattu mango
50 g ananaskuutioita
1 kuutioiksi leikattu avokado
2 limetin mehu
½ dl appelsiinituoremehua
2 rkl korianterisilppua
1 hyppysellinen sokeria
1 pieniksi kuutioiksi leikattu habanerochili (poista siemenet)
4 suikaloitua kevätsipulia
suolaa ja pippuria
Laita mango-, ananas- ja avokadokuutiot kulhoon. Lisää limetti- ja appelsiinimehu, korianteri, sokeri, chili ja kevätsipuli samalla sekoittaen. Mausta suolalla ja pippurilla. Peitä kannella ja anna vetäytyä 30 minuuttia ennen tarjoilua.

Jatkoa sivulta 80.

Mustaviinimarjakastike:
½ l tummaa vasikanfondia
½ l punaviiniä
2 cl sherryviinietikkaa
1 dl fariinisokeria
150 g paloiteltua salottisipulia
3 dl mustaviinimarjoja
maizenaa
voita
Kuullota sipuli vähässä voissa. Lisää fariinisokeri ja anna karamellisoitua hiukan. Lisää mustaviinimarjat, fondi ja punaviini. Keitä kokoon vahvan makuiseksi. Mausta sherryviinietikalla, suolalla ja pippurilla. Suurusta maizenalla. Siivilöi.

Continued from page 74.

Chocolate tosca:
100 g sugar
1 g pectin
2½ tbsp milk
35 g honey
80 g butter
100 g peeled and chopped almonds
10 g cocoa powder
Bring the milk, honey and butter to the boil. Stir in the sugar and pectin. Heat up to 106°C. Stir in the almonds and cocoa. Spread quickly on a silpat liner. Place a silpat on top and roll until thin. Bake for 15–17 minutes in a 180°C oven. Break into pieces or use a biscuit cutter to cut out. Serve with a quarter of a fresh caramelised apricot.

Continued from page 76.

Caribbean salsa:
1 mango, peeled and cut into ½ cm cubes
50 g pineapple, diced
1 avocado, diced
juice of 2 limes
½ dl orange juice
2 tbsp chopped coriander
pinch of sugar
1 habanero chilli, hollowed out and finely diced
4 spring onions, cut into strips
salt and pepper
Place the mango, pineapple and avocado in a bowl. Add the lime juice, orange juice, coriander, sugar, chilli and spring onion. Season with salt and pepper to taste. Cover and leave to stand for 30 minutes before serving.

Continued from page 80.

Blackcurrant sauce:
½ l dark veal stock
½ l red wine
2 cl sherry vinegar
1 dl brown sugar
150 g shallot, finely chopped
3 dl blackcurrants
cornflour
butter
Sear the onion in a little butter. Add the brown sugar and caramelise somewhat. Add the blackcurrants, stock and red wine. Reduce to a strong taste. Season with sherry vinegar, salt and pepper to taste. Thicken with cornflour. Strain.

SIGNILSKÄR

Signilskär är en utö utanför Eckerö på Åland. På ön finns en station för observation av flyttfåglar. Klosterruiner från omkring 1000-talet har anträffats på ön. Bilden visar en gammal stengärdsgård och en av de få byggnaderna på ön.

SIGNILSKÄR

Signilskär on saari Eckerön edustalla Ahvenanmaalla. Ulkosaarella sijaitsee lintujen muutontarkkailuasema. Saarelta on löydetty noin 1000-luvulta peräisin olevut luostarinrauniot. Kuvassa vanhaa kiviaitaa ja yksi saaren harvoista rakennuksista.

SIGNILSKÄR

Signilskär is an island off the coast of Eckerö in the Åland Islands. Located in the outer archipelago, the island is home to an observation station for migrating birds. The ruins of a monastery dating back to around the year 1000 have also been found on the island. The photo shows an old stone wall and one of the island's few buildings.

INSPIRATION

Havet är ständigt annorlunda. Havet är en vän, en realitet och en inspirationskälla. Havet levererar en mångfald av läckerheter, bär fram fartygen och sköljer strändernas klippor. På en båt är havet alltid närvarande.

INNOITUS

Meri on aina erilainen. Meri on ystävä, todellisuus ja inspiraation lähde. Meri kasvattaa monet herkut, kuljettaa laivat ja huuhtoo kalliot. Meri on laivalla aina läsnä.

INSPIRATION

The sea is always changing. The sea is a friend, reality and source of inspiration. The sea is home to many delicacies, transports ships and washes the rocks. On board a ship, the sea is always present.

GLASS PÅ KARAMELLISE-RAT ÄPPLE MED ROSTAD KANELKAKA OCH FÄRSKA BÄR

4 portioner

Glass:
2 g gelatinblad
1 vaniljstång
1½ dl grädde
1½ dl mjölk
25 g honung
120 g äggula
80 g + 50 g socker
170 g tärnat äpple

Karamellisera äpplet med 50 g socker i en stekpanna. Låt kallna. Blötlägg gelatinet minst 10 minuter i kallt vatten. Dela vaniljstången på längden och skrapa ner fröna i en kastrull. Tillsätt grädde, mjölk och honung. Vispa äggulorna och 80 g socker luftigt. Koka upp gräddmjölken och vispa ner den i äggblandningen. Häll allting tillbaka i kastrullen och värm på svag värme under ständig omrörning till 85 grader. Krama vattnet ur gelatinet och rör ner det i smeten. Sila och låt kallna. Kör i glassmaskin minst 30 minuter. Tillsätt äpplet efter halva tiden.

Kanelkaka:
4 dl vetemjöl
2 tsk bakpulver
1 tsk malen kanel
1 ½ dl socker
2 msk smör
2 dl mjölk

Blanda alla torra ingredienser. Finfördela smöret i blandningen. Tillsätt mjölken och vispa pösigt. Häll smeten i en smord, bröad avlång form. Grädda kakan i 200 grader ca 30 minuter. Låt kallna på galler och skär kakan i tunna skivor och rosta dem i en torr panna innan servering. Servera med färska bär.

Vintips: *Ett sött bordeauxvin från Sauternes eller Barsac eller ett glas Madeiravin.*

Viinivinkki: *Makea bordeaux (Sauternes tai Barsac) tai lasillinen madeiraa.*

Wine suggestion: *A sweet Bordeaux from Sauternes or Barsac or a glass of Madeira.*

JÄÄTELÖÄ JA KARAMELLI-SOITUA OMENAA PAAHDE-TUN KANELIKAKUN JA TUO-REIDEN MARJOJEN KERA

4 annosta

Jäätelö:
2 g liivatelehtiä
1 vaniljatanko
1½ dl kermaa
1½ dl maitoa
25 g hunajaa
120 g munankeltuaista
80 g + 50 g sokeria
170 g omenakuutioita

Sulata 50 g sokeria paistinpannussa ja paahda omenakuutiot sokerissa. Anna jäähtyä. Liota liivatelehtiä kylmässä vedessä vähintään 10 minuuttia. Halkaise vaniljatanko pitkittäissuuntaan ja kaavi siemenet kattilaan. Lisää kerma ja maito. Vatkaa keltuaiset ja 80 g sokeria kuohkeaksi vaahdoksi. Kiehauta kermamaito ja lisää se keltuaisvaahtoon samalla vatkaten. Kaada seos takaisin kattilaan ja lämmitä miedolla lämmöllä 85-asteiseksi koko ajan sekoittaen. Purista liivatteista vesi, lisää ne seokseen ja anna jäähtyä. Jäädytä jäätelökoneessa vähintään 30 minuuttia. Lisää omenakuutiot jäädytysajan puolivälissä.

Kanelikakku:
4 dl vehnäjauhoja
2 tl leivinjauhetta
1 tl jauhettua kanelia
1½ dl sokeria
2 rkl voita
2 dl maitoa

Sekoita kaikki kuivat ainekset keskenään. Nypi voi pieninä nokareina seokseen. Lisää maito ja vatkaa kuohkeaksi. Kaada taikina voideltuun ja jauhotettuun pitkulaiseen vuokaan. Paista 200-asteisessa uunissa noin 30 minuuttia. Anna jäähtyä ritilällä. Leikkaa kakku ohuiksi viipaleiksi ja paahda viipaleet kuivalla pannulla ennen tarjoilua. Tarjoile lisäkkeenä tuoreita marjoja.

ICE CREAM WITH CARA-MELISED APPLE WITH ROAST CINNAMON CAKE AND FRESH BERRIES

Serves 4

Ice cream:
2 g gelatine leaves
1 vanilla pod
1½ dl cream
1½ dl milk
25 g honey
120 g egg yolks
80 g + 50 g sugar
170 g diced apple

Caramelise the apples with 50 g sugar in a frying pan. Leave to cool. Soak the gelatine for at least 10 minutes in cold water. Split the vanilla pod lengthways and scrape the seeds into a saucepan. Add the cream and milk. Beat the egg yolks and 80 g sugar until airy. Heat up the cream & milk mixture and whisk into the egg mix. Pour everything back into a saucepan and heat to 85°C over a gentle heat stirring throughout. Squeeze the water out of the gelatine. Beat the gelatine into the mixture. Strain and leave to cool. Put into an ice-cream maker for at least 30 minutes. Add the caramelised apples about halfway through.

Cinnamon cake:
4 dl wheat flour
2 tsp baking powder
1 tsp ground cinnamon
1½ dl sugar
2 tbsp butter
2 dl milk

Mix all the dry ingredients together. Add the butter, a little bit at a time. Add the milk and whisk until airy. Pour the mixture into a greased, breaded oblong oven dish. Bake in a 200°C oven for about 30 minutes. Leave to cool on a wire rack. Cut into thin slices and roast in a dry pan before serving. Serve with fresh berries.

FOOD

POSTRODDEN

Den gamla postvägen mellan Stockholm och Åbo gick via Eckerö, Åland från 1500-talet till början av 1900-talet. Posten fick gå regelbundet, och för detta ansvarade "postroten". Postrodden som går över Ålands hav varje sommar är en hyllning till dessa tappra män. Starten går vartannat år från Eckerö, vartannat från Grisslehamn på svenska sidan. Bilderna är från Postrodden sommaren 2003 utanför Eckerö.

POSTISOUTU

Tukholman ja Turun välinen vanha Postitie kulki Eckerön kautta 1500-luvulta aina 1900-luvun alkuun saakka. Postin oli kuljettava säännöllisesti, ja siitä postiruotulaisten oli pidettävä huolta. Joka kesä Ahvenanmerellä soudettava Postisoutu on kunnianosoitus näille urheille miehille. Lähtö on joka toinen vuosi Eckeröstä ja joka toinen vuosi Ruotsin Grisslehamnista. Kuvat ovat Postisoudusta kesällä 2003 Eckerön edustalta.

MAIL ROAD

Between the 16th century and the early 1900s, the old mail road between Stockholm and Turku passed via Eckerö. Farmers provided messengers to ensure the regular conveyance of mail, also across the sea. Each summer, the postal row across the Sea of Åland pays tribute to the brave messengers of days gone by. The mail rowing-boat sets out from Eckerö in the Åland Islands one year and from Grisslehamn in Sweden the next. The photos were taken at the 2003 mail rowing-boat event off the coast of Eckerö.

ÅLANDSPANNKAKA MED SVISKONKRÄM

4–6 portioner

Ålandspannkaka:
½ l mjölk
¾ dl mannagryn
¾ dl socker
¾ dl vetemjöl
2 ägg
1 tsk kardemumma
en nypa salt

Koka en lös gröt på mjölk och gryn. Blanda ner socker, ägg, salt, stött kardemumma och mjöl. Blanda allt noga. Smörj en gjutjärnsstekpanna och häll i smeten och klicka över lite smör. Grädda i 200 graders ugn ca 50 minuter.

Traditionellt serveras Ålandspannkaka med sviskonkräm och vispgrädde.

Sviskonkräm:
400 g torkade plommon
1 l vatten
2 dl socker
2 msk potatismjöl
citron-, eller blandsaft

Plommonen sköljs och blötläggs. Koka sedan plommonen i blötläggningsvattnet med socker tills de är mjuka.

Tillsätt lite saft som smakbrytning och red av krämen med potatismjöl och koka upp. Häll upp krämen i skål och strö lite socker på ytan för att förhindra skinnbildning.

Dryckestips: *Ålandspannkaka serveras traditionsenligt i munsbitar som välkomsttilltugg tillsammans med en sup, då utan kräm.*

Juoma-
vinkki: *Ahvenanmaan pannukakkua tarjotaan perinteisesti tervetuliaisruoaksi pieninä suupaloina ryypyn kera – tällöin kuitenkin ilman luumukiisseliä.*

Drink sug-
gestion: *Åland pancake is traditionally served, without the compote, in bite-sized pieces as something to eat with a dram.*

AHVENANMAAN PANNUKAKKUA LUUMUKIISSELIN KERA

4–6 annosta

Ahvenanmaan pannukakku:
½ l maitoa
¾ dl mannaryynejä
¾ dl sokeria
¾ dl vehnäjauhoja
2 munaa
1 tl kardemummaa
hyppysellinen suolaa

Keitä maito ja ryynit löysäksi puuroksi. Lisää sokeri, munat, jauhettu kardemumma ja vehnäjauhot huolellisesti sekoittaen. Voitele valurautainen uunipannu. Kaada taikina pannuun ja lisää päälle voinokareita. Paista 200-asteisessa uunissa noin 50 minuuttia.

Ahvenanmaan pannukakun lisäkkeinä tarjotaan perinteisesti luumukiisseliä ja kermavaahtoa.

Luumukiisseli:
400 g kuivattuja luumuja
1 l vettä
2 dl sokeria
2 rkl perunajauhoja
sitruuna- tai sekamehua

Huuhtele ja liota luumut. Keitä ne pehmeiksi sokeroidussa liotusvedessä.

Lisää tilkka mehua pehmentämään makua. Suurusta perunajauhoilla ja kiehauta. Kaada kiisseli kulhoon ja sirottele pinnalle hiukan sokeria estääksesi kiisseliä kuorettumasta.

ÅLAND PANCAKE WITH PRUNE COMPOTE

Serves 4–6

Åland pancake:
½ l milk
¾ dl semolina
¾ dl sugar
¾ dl wheat flour
2 eggs
1 tsp cardamom
pinch of salt

Cook the milk and semolina to make a runny porridge. Beat in the sugar, eggs, salt a dash of cardamom and flour. Mix thoroughly. Grease a cast iron frying pan. Pour in the mixture and a pat of butter on top. Bake in a 200°C oven for about 50 minutes.

Åland pancake is traditionally served with prune compote and whipped cream.

Prune compote:
400 g dried plums
1 l water
2 dl sugar
2 tbsp potato flour
lemon or mixed juice

Rinse and soak the plums. Cook the plums with sugar in the liquid they were soaked in until soft.

Add a little juice to taste. Thicken the cream with potato flour and bring to the boil. Pour the compote into dishes and sprinkle a little sugar on top to prevent a skin from forming.

KRÄFTSTRÖMMING

500 g strömmingsfiléer
1 dl finhackad dill och gärna
dillkronor
1 msk dillfrö
½ dl tomatpuré
½ dl vatten
salt

Skölj strömmingsfiléerna, salta och rulla ihop med skinnsidan inåt och lägg dem tätt i en ugnsform. Strö på dill och dillfrö. Blanda tomatpurén med vattnet och häll över. Täck med aluminiumfolie och ställ i 200 graders ugn ca 20 minuter. Kan serveras både varm och kall.

SENAPSGRAVAD STRÖMMING

1 kg strömmingsfiléer

Lag:
1 l vatten
1½ dl ättiksprit
3 msk salt

Sås:
1½ dl Food Garden senap eller
2 dl mildare senap
1 msk vinäger
2 dl matolja
4 msk socker
½ tsk malen vitpeppar
1 dl finhackad dill

Dra bort skinnet från strömmingsfiléerna och dela dem. Skölj och lägg dem i lagen. Ställ kallt över natten. Blanda samman senap, vinäger, socker och rör i oljan i en fin stråle under omrörning. Rör i den finhackade dillen och smaka av med vitpeppar. Tag upp strömmingen och låt rinna av. Varva dem med såsen i en burk och ställ kallt i ett dygn innan servering.

Dryckestips: *Öl / mineralvatten och snaps.*

Juomavinkki: *Olut tai kivennäisvesi ja snapsi.*

Drink suggestion: Beer / mineral water and schnapps.

RAPUSILAKKA

500 g silakkafileetä
1 dl tillisilppua tai mielellään
tillinoksia
1 rkl tillinsiemeniä
½ dl tomaattisosetta
½ dl vettä
suolaa

Huuhtele ja suolaa silakkafileet. Kääri ne rulliksi nahkapuoli sisäänpäin ja lado ne tiukaksi kerrokseksi uunivuokaan. Ripottele päälle tilliä ja tillinsiemeniä. Sekoita tomaattisose veteen ja kaada fileiden päälle. Peitä alumiinifoliolla ja paista 200-asteisessa uunissa noin 20 minuuttia. Rapusilakkaa voi tarjota yhtä hyvin lämpimänä kuin kylmänäkin.

SINAPPIGRAAVATTU SILAKKA

1 kg silakkafileetä

Liemi:
1 l vettä
1½ dl väkiviinaetikkaa
3 rkl suolaa

Kastike:
1½ dl Food Garden -sinappia
tai 2 dl miedompaa sinappia
1 rkl viinietikkaa
2 dl ruokaöljyä
4 rkl sokeria
½ tl jauhettua valkopippuria
1 dl tillisilppua

Poista silakkafileistä nahka ja paloittele fileet. Huuhtele palat ja pane ne liemeen. Anna vetäytyä kylmässä yön yli. Sekoita sinappi, viinietikka ja sokeri. Lisää öljy ohuena norona samalla sekoittaen. Lisää tillisilppu ja mausta valkopippurilla. Nosta silakkapalat liemestä ja valuta ne. Pane purkkiin kerroksittain silakoita ja kastiketta. Pidä kylmässä vuorokausi ennen tarjoilua.

BALTIC HERRING IN DILL

500 g Baltic herring fillets
1 dl dill, finely chopped, and
crown dill
1 tbsp dill seeds
½ dl tomato purée
½ dl water
salt

Rinse the herring fillets, salt and roll with the skin side inwards. Place tightly in an ovenproof dish. Sprinkle dill and dill seeds on top. Mix the tomato purée with water and pour over the top. Cover with aluminium foil and bake in a 200°C oven for about 20 minutes. Can be served hot or cold.

BALTIC HERRING CURED IN MUSTARD

1 kg Baltic herring fillets

Pickling liquid:
1 l water
1½ dl spirit vinegar
3 tbsp salt

Sauce:
1½ dl Food Garden mustard or
2 dl milder mustard
1 tbsp vinegar
2 dl cooking oil
4 tbsp sugar
½ tsp freshly ground white
pepper
1 dl finely chopped dill

Remove the skin from the herring fillets and cut them up. Rinse and put them in the pickling liquid. Leave in a cold place overnight. Mix together the mustard, vinegar and sugar and drizzle in the oil whilst stirring continually. Stir in the finely chopped dill and season with white pepper. Remove the herring from the liquid and drain. Layer the herring with the sauce in a jar and leave in a cold place for 24 hours before serving.

STRÖMMINGSSOPPA MED RÖDBETSCRÈME FRAICHE

4 portioner

200 g saltströmming
240 g potatis
100 g morot
50 g palsternacka
30 g purjolök
30 g rotselleri
20 g fänkål
½ dl dill
50 g smör
1½ l vatten
1½ msk fiskbuljongpulver el-
ler 1½ tärning
1 lagerblad
20 vitpepparkorn
1½ msk Pernod (stark anislikör)
1 dl crème fraiche
1 msk rödbetsspad

Lägg saltströmmingen i blöt ca
5 timmar, häll bort vattnet och
skölj strömmingen. Tag bort
ryggbenet och skinnet samt
skär filéerna i mindre bitar.
Skala och skär rotsakerna i ca
1 cm tärningar.

Fräs upp rotsakerna med smör
i en kastrull och tillsätt vatt-
net och buljongen, låt koka en
liten stund. Lägg sedan i pota-
tisen, pepparn och lagerbladet.
Lägg fisken i soppan strax in-
nan potatisen är klar och sma-
ka av med pernod och dill,
koka färdigt.

Rör ihop crème fraiche och röd-
betsspad till en jämn bland-
ning.

Servera strömmingssoppan
med en klick rödbetscrème
fraiche och åländskt svartbröd.

Dryckestips: Öl / mineralvatten

Juomavinkki: Olut tai kivennäisvesi

Drink suggestion: Beer / mineral water

SILAKKAKEITTOA JA PUNAJUURI-RANSKAN-KERMAA

4 annosta

200 g suolasilakoita
240 g perunoita
100 g porkkanoita
50 g palsternakkaa
30 g purjosipulia
30 g juuriselleriä
20 g fenkolia
½ dl tilliä
50 g voita
1½ l vettä
1½ rkl kalaliemijauhetta tai
1½ kalaliemikuutiota
1 laakerinlehti
20 valkopippuria
1½ rkl Pernod'ta (vahvaa anis-
likööriä)
1 dl ranskankermaa
1 rkl punajuurilientä

Liota suolasilakoita noin 5
tuntia. Kaada vesi pois ja
huuhdo silakat. Poista selkä-
ruodot ja nahat. Leikkaa silak-
kafileet pienemmiksi paloiksi.
Kuori juurekset ja leikkaa ne
noin 1 cm:n kuutioiksi.

Kuullota juurekset voissa kat-
tilassa. Lisää vesi ja kalaliemi.
Anna kiehua hetki. Lisää pe-
runat, pippuri ja laakerinlehti.
Lisää kala vähän ennen kuin
perunat ovat kypsiä. Mausta
pernod'lla ja tillillä.

Sekoita ranskankerma ja pu-
najuuriliemi tasaiseksi seok-
seksi. Annostele keitto lauta-
sille ja lisää joka annoksen
päälle lusikallinen ranskan-
kerma-punajuuriliemiseosta.

Tarjoile lisäkkeenä ahvenan-
maalaista mustaleipää.

BALTIC HERRING SOUP WITH BEETROOT CRÈME FRAICHE

Serves 4

200 g salted Baltic herring
240 g potatoes
100 g carrot
50 g parsnip
30 g leek
30 g celeriac
20 g fennel
½ dl dill
50 g butter
1½ l water
1½ tbsp or 1½ cubes fish stock
powder
1 bay leaf
20 white peppercorns
1½ tbsp Pernod
1 dl crème fraiche
1 tbsp beetroot liquor

Let the salt herring in soak for
about 5 hours. Pour away the
water and rinse the herring.
Remove the dorsel fin and
skin. Cut the fillets into small-
er pieces. Peel and cut the root
vegetables into c. 1-cm cubes.

Sear the vegetables in butter
in a saucepan and add the wa-
ter and stock. Simmer a while.
Then add the potatoes, pepper
and bay leaf. Just before the
potatoes are cooked, put the
fish in the soup and season
with Pernod and dill.

Mix the crème fraiche and
beetroot liquor to a smooth
consistency. Put a spoonful in
each plateful of soup when
serving.

Serve with black Åland bread.

SEA & FOOD

First Published in Finland and Sweden 2003 by
Studio Avec Audiovisual Ky.

Editor   Manne Stenros, Erik Hornmalm
Coordinator   Erik Hornmalm
Committee   Bengt Mattsson, Harry Ahlskog,
                  Ilpo Vainio, Jonas Backman,
                  Jan Olof Weckström
Photographs   Manne Stenros
Layout   Manne Stenros
Translation   Käännös-Aazet Oy
Repro   Offset-Kopio Oy
Printed   Gummerus Printing, Jyväskylä 2003
Cooperation   Viking Line Abp
                  www.vikingline.fi

Publisher   Studio Avec Audiovisual Ky /
                  A la carte kirjat
                  Viherkatu 2, FIN-15900 Lahti
                  Mobile + 358-(0)50-654 06
                  Fax +358-(0)3-734 6104
                  E-mail: manne.stenros@alacarte.inet.fi
                  Internet: www.alacartekirjat.fi

                  Studio Avec Audiovisual /
                  A la carte böcker
                  Sjöbjörnsvägen 66 D
                  SE-117 67 Stockholm
                  Tel/fax +46-(0)8-744 44 38
                  Mobile +46-(0)70-323 65 25
                  E-mail: erik.hornmalm@chello.se